品韵文晖 从宋代说起

陈华胜 著

花山文艺出版社

河北·石家庄

图书在版编目（CIP）数据

品韵文晖：从宋代说起 / 陈华胜著. -- 石家庄：花山文艺出版社，2023.9
ISBN 978-7-5511-6909-7

Ⅰ．①品… Ⅱ．①陈… Ⅲ．①杭州－地方史－通俗读物 Ⅳ．①K295.51-49

中国国家版本馆CIP数据核字(2023)第162536号

书　　名：	品韵文晖：从宋代说起 Pin Yun Wenhui: Cong Songdai Shuoqi
著　　者：	陈华胜
统筹出品：	杭州紫金港文化传播有限公司
特约编辑：	赵群伟　冯　雯　朱　蕾
责任编辑：	董　舸
责任校对：	李　伟
排　　版：	壹品设计
封面设计：	石　几
美术编辑：	王爱芹
出版发行：	花山文艺出版社（邮政编码：050061） （河北省石家庄市友谊北大街330号）
销售热线：	0311-88643299/96/17
印　　刷：	杭州捷派印务有限公司
经　　销：	新华书店
开　　本：	700毫米×1000毫米　1/16
印　　张：	16
字　　数：	172千字
版　　次：	2023年9月第1版 2023年9月第1次印刷
书　　号：	ISBN 978-7-5511-6909-7
定　　价：	89.00元

（版权所有　翻印必究·印装有误　负责调换）

《品韵文晖:从宋代说起》编委会

顾 问
毛 欢 冯琼梅

主 任
吴 昊

副主任
鲁 韵 张英杰 何 佳

编 委
潘 云 陈东胜 梁宇晴 冯 雯 朱 蕾

编 审
陈华胜

前言

城市是什么呢？城市是一群人高度聚集、共同生产和生活的场所。由于希望与记忆相同，拥有同一份历史、同一种文化的人便成了同城人。城市的最主要特质就是它的人文精神和市井风情。人文精神决定了一座城市的性格和品质，市井风情则延续着这座城市的生活习惯及精神风貌。

而另一方面，一座城市的人文精神和市井风情又是有着微妙差别的，因为城市是由一块一块区域组成的，"十里不同风，百里不同俗"，每一个区域都有它独特的个性，这种个性甚至反映在不同的地名里。地名确实也是一个很有意思的东西，它是人类为了便于生产和生活而取的名称，凡是有人类活动的地方必有地名。但从某种意义上说，地名就是一个城市历史文化积淀、变迁和标志的符号，是本地人的脸孔、外地人的眼睛，它时刻在人们的工作、生活、交往中起着不可替代的指向性的作用。

杭州是国务院首批命名的国家历史文化名城、"中国七大古都之一",拥有八千年文明史、五千年建城史,物华天宝,人杰地灵。而我们生活的这个区域——文晖街道,位于杭州的东北面,古老的运河从这里流淌而过,十城门之一的艮山门曾雄踞在这片土地之上。这里是旧时杭州的城乡接合部,是进入杭州的必由之路,也是"鱼米之乡"的菜篮子所系;这里也曾是杭州近代工业最早诞生的发源地,是"丝绸之府"的中心地带,是那个时代经济最为活跃的地区。这里有独特的运河水上文化,"艮山十景"传颂至今;这里有深厚的城东人文根脉,乡邦文献辑录完整。

阅读一座城市,不仅要从浩瀚的典籍史册里去读它,更要从那些纵横交错的大街小巷、珍珠般散落的老宅古桥,还有生生不息、逝者如斯的江流河道中去读它。在充满着历史文化底蕴的文晖地区,哪怕是一棵老树、一座古宅,都像一张密密的网,将历史织进城市的身体;又像是一条条隐秘的通道,指向历史的深处。这里的街巷、城门、小桥、流水、古树、老屋、人物,就像无数闪烁的碎片,保留着城市的记忆。

我们把这些或已消失殆尽,或是行将湮没于小巷深处、居民后院里的历史,一点儿一点儿地挖掘出来,整理成文,试图还原文晖地区完整的文化序列,就是为了让今天的人们了解,他们每天经过的这片脚下的土地有着怎样连绵不绝的文脉,从而激发起他们对故园的深深情愫。我们相信,这样的努力也是在以我们文晖一隅的历史文化为这座城市的精神做一份索引和注释。

从另一方面来说,今天的时代又是高速变迁着的时代。从工业文明到互联网数字经济,从传统社会到人工智能虚拟世界,这确实是一个大变革的时代。几乎所有的城市都经历了翻天覆地的变化。哪怕只是短短的几年不见,就足以使人恍惚,产生少小离家的感觉:这还是我们的城市吗?

但无论怎么变,就像我们的乡音是不会改变的一样,城市的文化根脉其实也是不会变的,任何经济、社会的变革都需要人文精神作为支撑。从这个意义上说,历史是城市的根,文化是城市的本。我们探寻文晖地区的历史和文化,本质上就是一次寻根溯源的旅程,也是留住记忆、留住乡愁的一种手段。我们相信,这样的尝试也是厚植文化情怀、共筑文化自信的一种努力。

党的二十大报告对进一步增强文化自信、传承中华文明、建设文化强国作出了全面部署。文晖街道编纂出版这本《品韵文晖:从宋代说起》,正是希望向世人展示文晖地区值得自豪的文化根脉,更是希望得到广大文晖人对文晖文化传统和文化价值的积极认同、充分肯定和积极践行,以此促进我们建设文晖的原动力和凝聚力。

第一品　流光

一座城门和它的记忆

01　映月桥下伤心碧 …………………………………… 002
02　冥冥细雨湿高城 …………………………………… 036

一条运河和它的记忆

03　人家原住水云乡 …………………………………… 074
04　坝子门外丝篮儿 …………………………………… 092

第二品　风情

锦瑟年华说文晖

01　"艮山十景"的前世今生 ………………………… 112
02　打铁关：权作了杭州的阳关 …………………… 135
03　南宋官园：南宋皇城的"菜篮子工程" ………… 150

04	流水苑：杨再兴遇见"天仙配"	159
05	药师院　财神亭，居然还有妈祖庙	167
06	五里塘：南宋的"雪窨库"究竟在哪里	174
07	在河埠上，听到了永恒	182

第三品　物语

斜阳嘉树忆当年

01	艮山门发电厂	194
02	艮山门铁路货运站	203
03	杭州制氧机厂	213
04	杭州锅炉厂	229
05	农都农贸市场	237
06	月隐天城：朝晖路元代文物发掘地	242

第一品　流光

文晖大桥
河埠上D52

一座城门和它的记忆

01 映月桥下伤心碧

从某种意义上说,南宋的历史是从拱墅区开始的。

宋时的杭州下辖钱塘、仁和两县,今天的拱墅区大致是在仁和县境内。建炎三年(1129年)二月十三日,二十二岁的宋高宗在金兵的追击下从扬州、镇江一路逃到杭州,他就是从仁和县境内入的城。

当他听说"仁和县"这个地名时,心中暗暗欢喜:原来,当年宋太祖赵匡胤陈桥兵变,就是从仁和门进入开封汴京,夺取了后周江山,建立大宋朝的。怎么会有这么巧合的事?这岂不是祖宗显灵,暗示着天命所归吗?赵构从那一刻起就对这片

[南宋]刘松年绘《中兴四将图》(局部),韩世忠像

如今的德胜桥

土地产生了眷恋,后来将杭州升为临安府,并定为"行在"(皇帝出行所在的地方,当时指临时首都)也就顺理成章了。

事实上,当赵构的创业历程遭遇倾覆的危险时,也是仁和这块土地给了他匡复的力量。

就在他们刚刚在杭州安顿下来不久,建炎三年三月二十六日,扈从的禁军军官苗傅、刘正彦发动兵变,杀死了枢密院使兼御营司都统制(相当于国防部部长兼卫戍司令)王渊和宋高宗的亲信内侍康履,扣押了宋高宗,并逼迫赵构将皇位禅让给两岁的皇太子赵旉。那时候的形势真是千钧一发哪!亏得大臣张浚、吕颐浩一边虚与委蛇、麻痹叛乱的苗傅等人,一边急招大将韩世忠、张俊、刘光世等回朝勤王。

运河畔的文晖街道

    韩世忠的夫人梁红玉用了一天一夜的时间，从杭州赶到嘉兴，给韩世忠带去了急令进兵的诏令。韩世忠带领的勤王部队在仁和县的北关堰桥一带与叛军激战，一举击溃苗、刘，从此，这座堰桥就改称为"德胜桥"。

    从上述两桩事来看，没有这仁和县，岂不也就没有赵构的南宋朝了。所以说，南宋的历史是从拱墅区开始，大抵也是不错的。

    我们今天要说的是拱墅区的文晖街道。文晖街道是在2004年由原艮山街道和石桥镇合并而成，所以，要说文晖的历史，毫无疑问地就得从艮山说起。而作为杭州十城门之一的艮山门，又是始建于南宋时期，推开了艮山门的城门，也就推开了文晖的千年文脉。

    现在，就让我们开始文晖的故事。

第一品　流光

1

赵构终于拥有了一辆专属于自己的车子。

皇帝的车子有一个专门的名字叫"玉辂"。辂又叫路，《周礼》中说，天子有五路，即玉路、金路、象路、革路、木路。它是皇帝仪仗中车的种类，一般是五路均备，当皇帝出行或郊祀时，亲乘玉辂，由马牵引，走在前面，金、象、革、木四路随行。玉辂是因为该车用玉装饰而得名，五路中最为至尊。

这驾玉辂像个庞然大物，高十九尺，轮高六十三寸，辐径三十九寸，轴长十五尺三寸，前面有六匹青马拉着，由铁甲骑卫二百三十二人开道，然后再是大批官员、内侍、禁卫等随从，还有数千人的仪仗，上万人前呼后拥。

这一年已经是绍兴十二年（1142年）。在刚刚过去的一年里，武胜定国军节度使、充万寿宫使岳飞被杀，宋金和议达成，官家也终于可以松一口气了。

"官家"是宋朝皇帝的称呼，这个皇帝即宋高宗赵构，但在绍兴十二年的时候，还没有宋高宗这个称呼，高宗是他死后的庙号，带有追认的意思，也就是盖棺论定的意思了。追认庙号是有礼法规矩的，除了开国皇帝称"祖"，后面的皇帝一律称"宗"。现代人大凡是"祖宗"连着说了，但其实，还是有差别的。赵构继承的是宋朝的衣钵，并不认为自己开创了新朝，南宋百姓也从来不会说自己是"南宋"的，总还是同一个大宋朝。

[南宋]《卤簿玉辂图卷》局部（图中为玉辂）

这里面包含着正统的意味在。

　　赵构当然要争个正统，但他这个"正统"却有些不太稳固，至少在绍兴和议之前，他是很有些担心的。他的父亲宋徽宗虽然已经在五国城里"驾鹤仙去"，但他的兄长宋钦宗赵桓却还在金国当俘虏，而且，赵桓还有三个儿子赵谌、赵谨、赵训，也都在金国的俘虏营里。赵谌生于政和七年（1117年），已经二十五岁了，且他还是钦宗的朱皇后所生，系嫡皇孙；赵谨、赵训分别生于建炎元年（1127年）和建炎三年（1129年），也都有十多岁了，虽然是在北地所生，但从礼制规定的皇权储位制度来看，都比赵构更有资格继承大宋朝的衣钵。如果，金国将他们父子中的任何一位扶植到开封去当个傀儡皇帝，同样举起"宋"的旗号，到时候，你说哪一个"宋"是正统？恐怕，老百姓的认同感也会发生极大的错乱。

第一品 流光

事实上，金国不是没有人想到这个办法，让赵构最头痛的金国四太子金兀术（完颜宗弼）就提过这个建议，并且在他后来临终前还不忘拿出这个话题来说事。所幸的是，金国毕竟没有采纳这个意见。

站在赵构的立场来说，不是要不要跟金国和议的问题，而是人家拿不拿你当谈判对手的问题。人家能够将你当谈判对手，跟你谈和议，已经很客气了；人家不跟你谈了，扶植起赵桓的一支当傀儡，然后举着"大宋"的旗号挥师南下，到时候，谁是正统谁不正统，连人心向背都不好说了，这才是赵构最怕看到的局面。因此，和议达成，官家终于松了一口气。更何况，金国还答应归还他的生母韦氏。至亲骨肉分离，是任何人都不能无动于衷的，哪怕有万分之一的希望也总要去努力拯救，这是人之常情；更何况，韦后作为一名女性俘虏，在北地受到的凌辱，那是赵构想都不敢去想的，想来就是钻心的疼痛。《孝经》十八章，他每天抄写一章，他只能用这样一种办法来排遣自己的痛苦。可惜这样的心情，并不是每一个臣子都能体谅。那些主战的臣子占据着道德高地，却唯独没有设身处地站在他的立场上替他想一想，当然了，他也知道，他自己的想法无法冠冕堂皇地讲出来。

[宋]《宋高宗坐像》

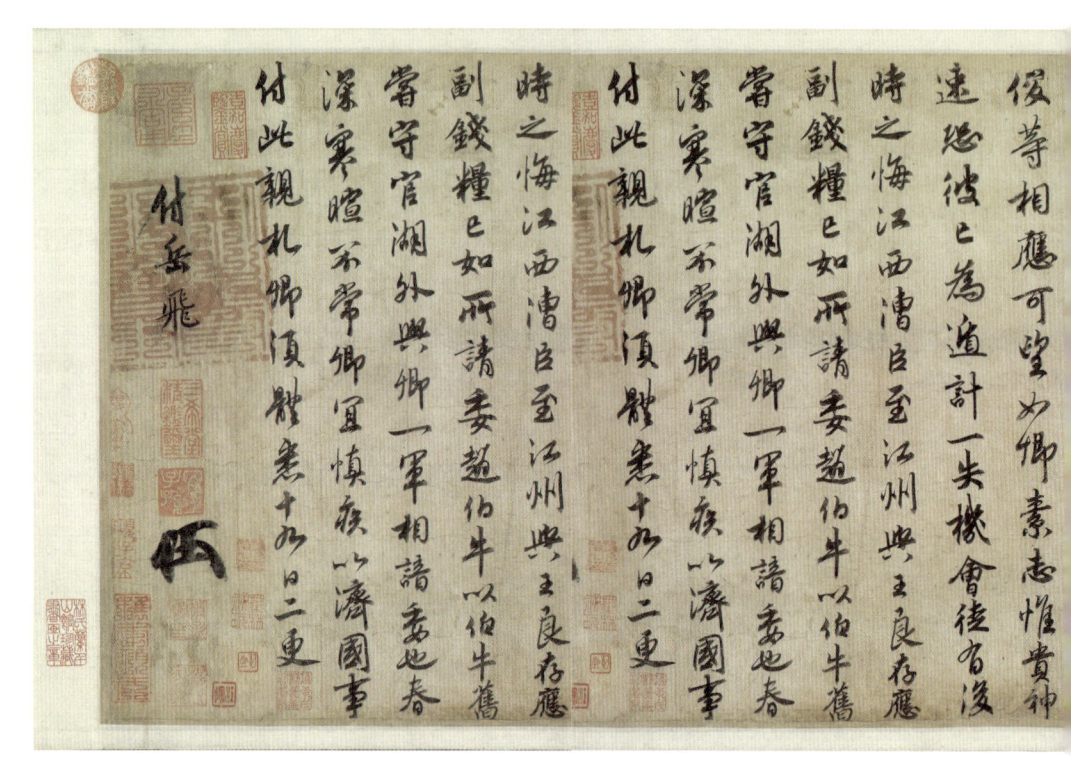

[南宋] 赵构《赐岳飞批札卷》

反正和议总算是成功了,也就顾不得那么多了。

杀岳飞当然是和议的代价之一,事实上赵构心知肚明,尽管岳飞有不听话的地方,但给他安上一个"莫须有"的谋反罪名,却是冤枉的。但是没有办法,金人声言要想和议成功,必杀岳飞,也只好牺牲他了。事实上,杀,还是不杀,赵构拿了又放,放了又拿,权衡再三才作出了选择。

岳飞是在绍兴十一年(1141年)十月十三日因谋反罪入狱的,可是到腊月十八日这两个多月时间里,案情一直没有多大进展,胡乱拼凑的那些谋反证据,明眼人一看就能看出漏洞。而且,按照所谓证据,岳飞充其量只能判两年流刑。官家便对大理寺的报告"留中不发",这显然是对审讯工作不满意了。善解人意的宰相秦桧是和议最有力的支持者,便将原先负责此案的御史中丞何铸撤换成了万俟卨。此人在当地方官时曾受过岳飞的处分,挟私报复自然是卖力的。于是,到了腊月十八日,案件居然被他敲定,而岳飞也由有罪与无罪的层面上升到杀与不杀的问题了。

为什么一定要杀岳飞呢?除了金国开出的条件外,大宋朝的祖制其实也起了相当大的作用。大宋朝自从陈桥兵变之后,刻意崇文抑武,最怕重蹈唐末五代武夫乱政的覆辙,太宗皇帝晚年就曾对近臣说过:"外忧不过边事,皆可预防。惟奸邪无状,若为内患,深可惧也。帝王用心,常须谨

[南宋]刘松年《中兴四将图》中的岳飞与卫士像

此!"岳飞等一班武将倒还没有"奸邪无状",但岳家军、韩家军、张家军之类的民间称呼,却早已刺痛了官家的神经。乘此机会一举解决武将的问题,某种意义上说,倒成了朝堂文臣一致的意见。

但在杀与不杀的抉择上,官家还是犹豫了好些时日。一直到腊月二十七日,翌日就是立春了,而立春是不能杀人的,不仅这一天不能杀人,以后的整个春季都不能杀人。春季是大自然万物复苏、生长的季节,上天有好生之德,这个时候杀人有违天意,所以杀人一般都在萧索的秋冬季,所谓"秋后问斩",这是历朝历代的规矩。再不下决心,就不能解决这个问题了,自古君疑臣则诛,臣疑君则反,岳飞既已下狱且案情被弄成了"铁板钉钉",那么,君臣之间疑隙已生,就断然没有再让他活着出去的道理了。

杀！赵构的杀心陡起！于是，一位赤胆忠心的中兴将领就这样成了赵构私心的牺牲！

一旦作出决定，赵构就没有丝毫的内疚与不安了，"普天之下，莫非王土；率土之滨，莫非王臣"，什么叫"生杀予夺"，皇帝杀个人还要过道德坎吗？皇权从来是与道德绝缘的。他现在的兴趣在那驾新造好的玉辂上了，他要乘着崭新的玉辂去迎接母亲归来。他已经在地图上仔细地规划了路径：从北面的艮山上出城，到临平山亲自迎候，一则让天下人看到官家孝治天下的垂范，二则也可让受尽苦楚的母亲重享"宋宫威仪"——他当然没有想到，老百姓并不买他的账，他们私底下都在为岳

如今的打铁关牌匾

元帅叫屈,以至于就在他的行进路线上,后来出现了一个叫"打铁关"的地方,传说岳家军曾经在此锻造兵器以图北伐。人心所向,这是连皇帝都无法左右的!

②

已是二月时节。古时候称二月为如月,《尔雅·释天》中有"二月为如"的说法,清代乾嘉学派的代表人物郝懿行的释义是:"如者,随从之义,万物相随而出,如如然也。"

"如如然",就是一种跃跃欲试的情态。

二月十五日是花朝节,相传这一天是百花仙子的生日,《梦粱录》上说:"浙间风俗,以为春序正中,百花争放之时,最堪游赏。"绍兴十二年(1142年)的花朝节正值春分,赏花踏春是理所当然的娱乐了。

往年赏花总是去西湖,事实上,赵构也是历代皇帝中游赏西湖的第一人。但因为今年玉辂告成,官家想跑得更远一点儿,也为日后母后回銮先行探路,于是离开大内禁中后,他就吩咐一路向北,来到了艮山上。

清朝雍正年间的杭州诗人赵信有一首诗记录了赵构的这次巡幸:

> 艮山门外晚风尖,玉辇低垂锦软帘。
> 佳处但从东麓望,一方新绿画春奁。

我们今天是在《南宋杂事诗》这本书里看到这首诗的。想当年,赵信与同城的其他六位诗人厉鹗、沈嘉辙、吴焯、陈芝光、符曾、赵昱,各作

第一品　流光

［南宋］李嵩《西湖图卷》

了一百首诗,结集后定名为《南宋杂事诗》。后来,浙江巡抚将其呈报朝廷,编入《四库全书》内。我们今天看到的本子就是当年的浙江巡抚采集本。这本诗集里的七百首诗捃摭轶闻,咏古怀旧,将南宋朝的一代故事,巨细兼赅。而且每首诗下,都有所引的典故注释,以资考证,也方便了今人对史料的索引。

在赵佶的这首诗下,注释有两句:

《宋史》:"绍兴十二年,玉辂成,前有横轼,后垂锦软帘。"
《岁寒堂集》:"艮山东麓,南渡宸游,看新绿之处。"

我们可以由此想象一下赵构当年来艮山门踏春赏绿的情景——

初春的天气一如往常的晴好,日暮时分夕阳西下,晚风带着清新的绿草和泥土的气息,夹杂着草泽之间弥散的苦艾野性的香味,拂面而来,也将低垂着的锦软帘和他的心事轻轻吹起。

"江南好，风景旧曾谙。"

对于赵构来说，江南的风景原本是不曾熟谙的。但令人意想不到的是，当他一踏上杭州的土地，却有一种似曾相识的感觉。

前面已经说过，当时的杭州分钱塘、仁和两个县，赵构踏上的就是仁和县的土地。当他听闻县名叫"仁和"时，心中大喜，因为当年宋太祖赵匡胤陈桥兵变后正是从仁和门进入汴京入主中原的，这样的巧合岂不是一个天示吉兆！他将在这里肩负起延续赵宋祖脉的使命，做赵宋的中兴之主。后来他之所以把杭州改为临安，据说是因为听信了一个拆字先生的说法，此人危言耸听地说，把杭州的"杭"字拆开来重新组合恰恰是金军统帅的名字"兀术"。这固然是不足采信的，但建炎年间完颜宗弼确曾攻占杭州，其间的蹂躏与洗劫，成为这座江南名城挥之不去的梦魇。

风雨飘摇中江山总算是保下来了，弹指间十几年过去了。此刻的赵构凭轼而立，眺望着北方。北方一望无边，那里有他的故国家园和伤心往事。只是故国早已是归不去的家园，聊以安慰的是，和议达成后他的亲生母亲韦太后即将回銮南归，所以他的北望也就多了一份期待的心情。官家今年选择到城北的艮山门外来踏春，恐怕也寄寓着盼归的意思。

骨肉团聚、破镜重圆自然是值得高兴的，但官家却高兴不起来。且不说和议付出的代价以及可以预料到的历史评价，仅是这份团圆也是残缺不全的。赵构的父亲、徽宗赵佶早在七年前就已经被囚死在金人的五国城里，这次归来的将只是一副棺椁。想到这里，官家的心里又酸楚起来，眼泪即将夺眶而出。官家其实是个多愁善感的人。

但是他不愿意让随从的臣下看出自己的心理变化，九五之尊的皇帝讲的是"天颜难测"，又岂能像小儿女那般喜怒哀乐形于色，于是他把视线转向东方。"佳处但从东麓望，一方新绿画春夵"，春天的景色毕竟是孕育着希望的，尤其是在这么一片充满着希望的土地上。

我们循着清人赵信的诗作还原了赵构当年的情景，唯一需要更正的是：

作为杭州城北稍偏东的一座著名城门，艮山门其实在绍兴十二年（1142年）时尚未修筑，当时这里只有一座小山称为艮山。根据《易·说卦》，东北为艮，象征着山。这座杭城东北的小山系南山之余脉，高不逾丈。赵构当年驻足远眺应该就是在这座小山包，而不是城门上。

艮山门的名字出现得很早，据《乾道临安志》载，隋朝杨素创建杭州城时，东有五城门，其中之一就叫艮山门，但那只是一个文字记载，已经渺不可考。到了五代吴越国时期，吴越国王钱镠从杭州水城门（即凤山门）向北筑罗城，一直筑到艮山门外，在艮山门东北外建保德门。

《十国春秋》记载，晚唐天复二年（902年）八月十四日，钱王部将徐绾趁钱王外出未归，在杭州城内发动叛乱。钱镠从老家临安还至龙泉，疾驱至杭城北门，不得入。他一边命令部下打着他的旗号迎战徐绾，一边易服至德胜门乘舟向南，夜抵牙城东北隅，登城而入，平定了叛乱。这里的"德胜门"不知所在，钟毓龙《说杭州》认为，"疑即保德门

钱王像

也",这应该是艮山门一带最早的历史记载了。

但问题是五代时期的保德门究竟在哪里尚不确切,有关保德门的具体位置也有不同的说法,《神州古史考》认为在艮山门外无星桥之地,无星桥即后来的俞家桥;《艮山杂志》认为在艮山门外的范浦,而丁丙的《武林坊巷志》也认为在今艮山门内之陈衙营,其地为宋之范浦镇。不管怎么说,总之这保德门就在艮山一带,是艮山门之前生了。

而我们现在所谓的艮山门是在绍兴二十八年(1158年)才得以砌筑。绍兴二十八年,保德门移门于菜市河(今东河)西,更名为"艮山门",此后便有了确切的位置。它的原址应该在今天的建国北路环城北路路口的西北角。

南宋的艮山门是什么形状呢?虽然没有专门的图文资料,但从宋人的营造制式和宋画中描绘的其他城门来推断,它应该是单檐庑殿顶的样式,正面是"抬梁造"的梯形城门,城墩与城墙连成一体,左右两边的城墩顶沿边设有栏杆,随踏道阶梯下降至地面。城门洞内为通天柱结构,每边十三根天柱,插入地袱石固定。我们现在常看到的拱形城门一直要到南宋末年才出现,艮山门应也不例外。

第一品　流光

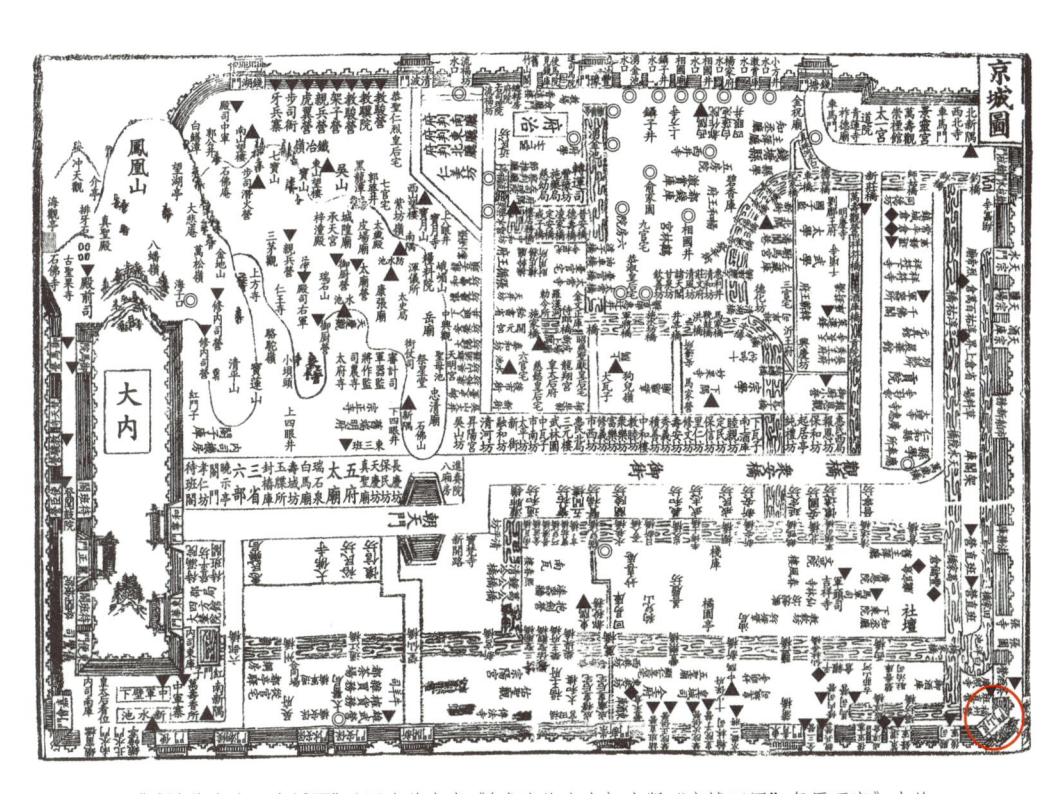

《咸淳临安志·京城图》（图为姜青青《〈咸淳临安志〉宋版"京城四图"复原研究》中的复原图，右下角为古艮山门）

《康熙仁和志》记载:"艮山门城垛共三百三十四,每垛高六尺,长一丈八尺,共计长六百零一丈二尺。"此门南近坝子桥,所以又称坝子门,城门处还建有半月形的瓮城,用于防御加固。这样一处带有瓮城的城垣在南方杭州堪称雄伟。

那么,吴越国的保德门为什么更名为艮山门呢?

有一种说法是,徽宗赵佶曾在东京汴梁的东北角堆土筑山,建起万寿艮岳,赵构营建临安都城时把东北之门取名为艮山门,也是为了表示不忘故土的意思。

徽宗当年又是为什么要建艮岳呢?据说是听从了一个道士的话,为了多子多福。原来,宋徽宗刚当皇帝的时候,生的儿子不多。道士刘混康说,这是因为京城东北角的地势偏低,如果地势稍微增高一点儿,皇帝生的儿子就会多起来。于是,宋徽宗就派人在开封东北部造了一座数仞高的人工假山——艮岳。事有凑巧,艮岳造成之后,宋徽宗的儿子果然一个接着一个生了出来。徽宗这一辈子"多福"不敢说,"多子"却是肯定的。在"历代皇帝生子史"上他可谓是独领风骚,毫无悬念地坐稳了数量最多(合计八十个!)的头把交椅。

[南宋]《宋徽宗坐像》

据《宋史》记载，北宋灭亡之前，徽宗就生有三十二子、三十四女。而在他当了俘虏后，在劳动改造之余还不忘纵情于床笫，醉心于播种，又生了六子八女。

父亲给自己带来了这么多兄弟姐妹，可叹自己却是"子息不蕃"！唯一的儿子赵旉在苗、刘兵变后受惊吓而死，从此，赵构膝下空虚，至今尚无子嗣。不仅如此，在金兵"搜山检海捉赵构"的追捕中，官家自身也受了惊吓，落下了"难言之隐"，虽说靠着御医王继先的调理，总还保留着一份希望，但毕竟这"希望"尚未成真。

对于一个男人而言，所谓的大悲哀莫过于生理无能而导致的无后。平民无子，不过关系一门兴衰；而官家盛年无子，这就不光是他一个人的心病，还影响王朝的长治久安。

如果像爹爹那样造一座艮岳，就能引来子孙的繁盛，赵构不见得不愿意。只不过，王朝初肇，国力屡弱，哪有实力像爹爹那般"丰亨豫大"？那么，将东北的城门改称为"艮山门"，一则表示故国之思，二来也寄托私底下的一份希冀。

艮岳、艮山，原来寄托着宋室赵氏如此的厚望呀！赵构已经打算在这里筑一座象征着艮岳的城门了。

3

北方的好消息终于传来。

就在赵构到艮山上踏青回来不久,这一年的三月下旬,原先出使金国一直被扣留的徽猷阁待制洪皓从上京(今黑龙江省阿城县)传来佳音,说韦太后即将启程。秦桧等一班臣僚闻风而动,纷纷上表称贺,一时间,君臣高调唱和,喜气洋洋。太后回銮当然是天大的喜事,怎么颂扬都不为过,这不仅证明了和议有立竿见影的成效,更重要的是彰显了官家之孝。在此之前,与和议相关的多是负面舆论:丧权辱国、枉杀忠良、苟且偷安……这些舆论充斥在朝堂上下,暗流涌动,士大夫与老百姓都群情激愤、议论纷纷,赵构并非不知情。但处在他的位置,他还能有别的选择吗?只好采取"鸵鸟政策"坐视不管了。其实,舆论说啥本不足为奇,但是人言亦可畏。赵构总还是要计较他的千秋万岁名,所以,也不得不设法对舆论作些正面的引导。现在正好有此机会可以大张旗鼓地歌功颂德,赵构当然不会放弃。

于是,君臣对太后回銮的路线作了精心的设计。进城的第一站在艮山上一个叫映月桥的地方,那个地方赵构亲自去踏勘过,在上塘河与运河的交汇处,是运河故道进城的起点,也就是后来"艮山十景"之一"俞桥望月"的所在。这里是士庶进出城的必经之地,人流密集,可以保证影响力和传播力,更兼"映月"的意象比较符合团圆的场景,"月有阴晴圆缺,人有悲欢离合",总之一句话,"但愿人长久,千里共婵娟"了。

第一品 流光

如今的映月桥

还有一个原因是，这里是禁军兵营所在，安全上有保障。

南宋《咸淳临安志·行在所录》中记载："绍兴创置禁卫诸军，额管七万三千人，共六十一寨。后军、马军二寨，在无星桥北；浙江水军额一万人，共十寨，一寨无星桥。"南宋时，仁和尉司西侧的无星桥五里塘就是南宋禁卫军水军、马军、后军（辎重军）的重要兵营。而仁和尉司的大致位置在今和平饭店东，沙田里北。《咸淳临安志》还记载："仁和县尉司，在艮山门外范浦镇市。绍兴元年正月，尉高公泰建。"

这样的安排确实是考虑周全，万无一失了。

为了表示自己虔诚的孝心，官家决定在太后回銮的当天乘着他的玉辂率文武百官亲自到城外的临平山下迎候。

一切都开始紧锣密鼓地准备起来，这可是南宋开国以来的第一桩盛事！

现在，让我们来再现一下那个兴师动众的回銮现场：

这一天是绍兴十二年（1142年）的八月二十一日。一大早，一支规模庞大、旌旗招展的队伍簇拥着赵构的玉辂开到了杭州城北的临平，队伍中的每一个人都衣冠光鲜，其中还有当时南宋朝廷最显赫的头面人物：王朝的未来继承人、普安郡王赵昚，当朝太师、宰相秦桧，第一大将枢密使张俊，以及赋闲的太傅、醴泉观使韩世忠等。

赵构在临平山下一座临时搭起的帷帐中小憩。秦桧等人也都有休息的

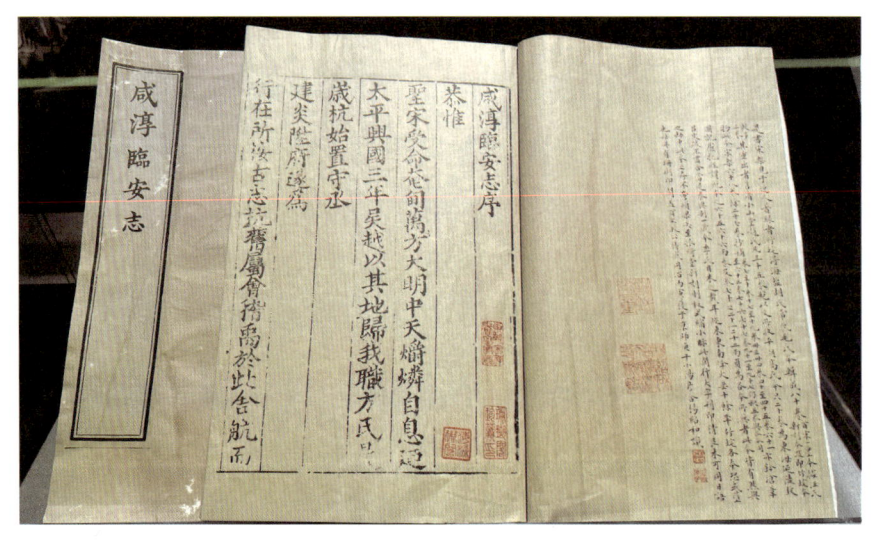

《咸淳临安志》仿制本（杭州博物馆藏）

帷帐，但他们却宁愿站在帐外作翘首以盼状眺望着北方。其余品秩较低的官吏都在官道两侧列队等候，清点了一下人数，竟有二千四百八十三人之多！而这两千多人的外围，更有上万的禁军扈从和不计其数的围观百姓。

大家神情肃穆，现场一片静寂，除了在风中猎猎飞扬的旗帜，很少有人喧哗走动。确实，在这样的场合，只可用"百感交集"来形容，谁也不敢有半点儿造次。

韦太后是在六月底从五国城出发，经燕京南下的。此前，南宋已经组织了以参知政事王次翁为奉迎使，包括韦太后的弟弟、平乐郡王韦渊及秦桧的妻弟、奉迎使提举事务王晚等一大批人的先遣队前往淮河南岸迎接。同行的还有鲁国大长公主，她是仁宗皇帝的女儿，按辈分比官家高出了三辈；吴国长公主是哲宗皇帝的女儿，为官家的堂姐；还有十二年前从金国逃回来的柔福帝姬，她是徽宗的女儿、官家同父异母的妹妹。之所以派这三位宗室的女眷一起去，也是为了太后的起居方便，官家考虑得不可谓不周到。

时近傍晚，人群忽然攒动起来——秦桧的妻舅王晚和一队快骑从官道北面奔来。

王晚当时的官职是江南转运副使，此人办事还算能干。当金人把韦太后护送到淮河北岸时，趁机敲起竹杠，要六百两金子。王次翁不肯付这笔钱，眼见着金人不肯送韦后过淮河了，还是王晚看到情况紧急，与手下人七凑八凑，众筹了一把，总算凑到六百两金子送给了金人。所以，后来高宗就提拔他做了临安知府。而那个不肯付钱的奉迎使王次翁险些被盛

[南宋] 迎銮图

怒之下的宋高宗杀掉。

当下,王晚径直跑到秦桧的罗伞跟前下马,匆匆只说了两个字:"来了!"秦桧立即转身进了赵构的帷帐。一瞬间,只见官家疾步跑出帷帐,跳上一匹马,在众人的追随下,迎着官道驰去。大家的目光一齐向北望去。

不一会儿,一队人马从官道上缓缓行来。人群中,一柄高擎着的大红罗伞下,是一辆火珠红盖青帐、由十六名力士扛着的銮舆大轿。跟在大轿后面的还有三具棺椁,分别属于宋徽宗赵佶及其皇后郑氏,还有在金国亡故的赵构原配邢氏。这多少让原本应该喜庆的气氛蒙上了阴影。

人马停住,大轿的青帐帘幕被缓缓揭开,已经下马等候在轿边的赵构抢上一步,躬身施礼,早已泣不成声。轿内的韦太后也赶紧出来,抱住儿子,泪如雨下。

这破镜重圆、母慈子孝的感人一幕当然是皇朝孝治天下的典范,于是,众人齐呼万岁,"恭迎太后""太后安康"的呼声震天动地……

这是十五年来,韦太后第一次看到这么多人向她下跪。想到终于安然回国,又可以过上扬眉吐气、万人敬仰的日子,想到数月来南归的舟车劳顿,她不禁百感交集。而她的情绪也感染了众人,周遭一片低低的啜泣声。

韦太后想起了离开五国城时,一起做俘虏的钦宗皇帝追赶着她的车

子哀求:"回去跟九哥(赵构)说,一定将我弄回去,我决不与他争夺皇位,只要给我一间房子住就行。"但她终于没有说,说了当然也没有用。

君臣在临平作了短暂休憩和调整后,便在两岸马步军的护卫下,乘船浩浩荡荡地向杭州城进发,奉迎的队伍翠华摇摇。

此时,在田间劳作的人们,纷纷放下锄头、铁耙,跑到运河边,希望能够看一看皇帝和太后的模样。韦太后抵达临平的消息也很快传遍杭城,杭州城里的老百姓奔走相告,纷纷往艮山上拥来,映月桥一带已经挤满了人,观者如堵,摩肩接踵!

沿着映月桥,不但有队列整齐、全副武装的禁军,还聚集起无数围观的士绅百姓,恭迎的欢呼声再次排山倒海般响起,齐齐跪拜的场面,壮观得好似田野里的麦穗迎风倾倒。

这样的场景令韦太后心情大好,她觉得应该说一些轻松的话题舒缓一下大家的情绪,所以,她突然问赵构:"韩五是哪一个?"

韩五是韩世忠的绰号,在还没富贵之前,人们都称他"韩泼五"。赵构没想到太后会问这个,连忙将韩世忠召来。韩世忠也莫名其妙,不知太后怎么会认得自己。

仔细端详着面前的这位大汉,韦太后笑着说:"你就是韩五啊?在北地的时候,老听到他们说起,说南朝就数你会打仗。"

这个细节被记载在宋人笔记中,估计韦太后此前已经听说了岳飞的事情,所以她不提岳飞而只说韩世忠,否则可就让儿子尴尬了。

不过,也有少数的记录如《七修类稿》就故意要让高宗尴尬,在他们的记录里,说是韦太后问起了岳飞:"(韦太后)因问:'何不见大小眼将军。'人曰:'岳飞死狱矣。'遂怒帝,欲出家,故终身在宫中道服也。"

看来,真实的岳飞长相是左右眼有大小的,所以被称为"大小眼将军"。当韦太后南归之时,高喊"还我河山"的大将岳飞已经冤死在风波亭中。而当一路劳顿的太后沿着这条运河越来越近地走向他儿子创建的南宋王朝时,她真的把昔日的耻辱都抛在后面了吗?

如今的风波亭

反正，从韦太后的表现来看，她似乎已由久别重逢的伤感转变成了天伦团聚的欢愉。韦太后在三位宗室女眷的陪同下，高兴地走出船舱，来到船头向两岸跪拜的人群招手致意。

两岸的百姓自然也是感动得热泪盈眶，有几个大胆的偷偷抬眼看了一下平时绝无机会得见的皇室女眷，其中最年轻的柔福帝姬尤其美貌，只是这个美人儿的眉头却似乎锁着一种别样的忧郁。

此时的韦太后心里油然荡漾起一种牢固无比的安全感，她仿佛看到自己单薄的身体正日益丰腴富态，她将在这座城市里过上安乐尊贵的晚年生活。但是，这个妇人终归没有示南宋子民以"母仪天下"的威严，她带来的仍是一个王朝的耻辱与刻骨铭心的伤痛。

然而，对于赵构来说，徽宗的棺椁还有韦太后的回銮已经足够证明了自己的正统地位，从这一刻起，他所开创的南宋王朝才是无可争议的。

这么说，你能明白后来的这座城门和这片土地对于一个王朝的意义吗？

④

韦太后的銮驾经艮山、万岁桥进入御街。

行在临安的城市格局有些特殊，它一反传统的"坐北朝南"格局，而是"坐南朝北"的。皇宫大内在全城最南端的凤凰山麓，而官府厢坊则全在皇城之北。为了方便起见，除去重大典礼外，大臣们上朝一般都从最北面的后门和宁门进入，俗称"倒骑龙"。连官家平时出行也走后门到御街上来，因为从最南面的正门丽正门出去，面对的就是钱塘江了。

南宋的御街就是今天的中山路，也称天街，正好位于城市的南北中轴线上。不过，称之为"十里御街"是在绍兴二十八年（1158年，也就是正式筑造艮山门那年）大规模改造之后的事，此时这条街还没有御街的称谓。改造后的御街式样全部模仿开封汴梁的制式，俗称"三块板"：中间是花岗石铺就的御道，专供皇帝的车驾通行；两边是用"香糕砖"错缝侧砌的走道。而在太后回銮的绍兴十二年（1142年），这条大街还都是泥地，只是临时撒了一层又一层细洁的黄沙而已。

南宋御街出土的香糕砖（杭州博物馆藏）

太后回宫的路线也是精心设计的。官家的玉辂亲自在前引导，太后的銮车跟在后面，从朝天门北向南，却不进和宁门，而是折向东，经六部

南宋御街（步恩撒摄影）

桥、中军寨向南，过仪鸾司再向西，从皇宫的正门丽正门进入大内。尽管兜了一个大圈子，但这个圈子非兜不可，太后回銮，不能从后门"倒骑龙"，必须从正门光明正大地进入。

根据《建炎以来系年要录》等史书记载，官家极尽人子之孝，当晚亲自夜侍慈宁宫，母子秉烛长谈天涯海角、相思之苦，家事国事、黍离之悲。说到伤心处，难免泪湿罗巾，眼见得已是二更时分，韦太后"遂示以倦意"，官家才不得不"恭揖而退"。

第二天，艮山上映月桥又成了百姓们街谈巷议的中心，人们似乎还在回味着昨天的盛大典礼，饶有兴致地谈论着官家的家事，感慨着官家的至孝。

这么过了一段时间，映月桥下突起波澜，有一个让人不安的消息传出来：柔福帝姬的府邸被全副武装的禁军封抄了，这个柔福帝姬是假的！冒牌货！

消息传得有鼻子有眼，说是那天晚上母子俩正垂泪相对，韦后突然停止了哭泣，对官家说："你被金人笑话呢！说你错买了颜子！"

这是东京汴梁的话语，当年东京有条颜家巷，制作和买卖的东西都是以次充好、以假乱真的，极不坚实耐用，所以人们就把假货称为"颜子"。

官家闻言大惊，忙追问是怎么回事。韦太后说："柔福死沙漠久矣！你这个柔福帝姬是假的！"

真相究竟是怎么样呢？借着说艮山门，我们也来说一说这段作为太后回銮余波的南宋往事：

确实，帝王其实是这个世界上最孤独的人，他们坐在皇帝的宝座上高高在上没人敢去亲近是一方面，另一方面他还得担心身边的人尤其是兄弟姐妹对皇位构成的威胁。在所有的皇帝中，宋高宗又是最孤独的一个，他倒用不着担心兄弟姐妹的威胁，因为他的父母，连同他的兄弟姐妹都给金国抓去当了俘虏。举目望去，居然没有一个亲人，宋高宗也蛮苦恼的。

建炎三年（1129年）的冬天，金兵发动了号称"搜山检海"的军事行动，被"大扫荡"赶到台州、温州一带的高宗皇帝却意外得到了一个好消息，说他有一个叫柔福帝姬的妹妹从金国逃了回来，正在绍兴等着他。

第一品　流光

帝姬这个称号有点儿怪怪的，其实就是公主，宋高宗的父亲宋徽宗喜欢标新立异，就把公主的称号"创新"成了帝姬。

对于这样一个消息，宋高宗听了且喜且疑。父皇的德行他是知道的，一生乐此不疲的只有两件事：一是艺术，二是女人。徽宗的后宫里有那么多女人，他又那么"兢兢业业"，一共繁衍了多少子女恐怕连他自己都搞不清楚了。再者，朝廷仓皇南迁，那本记录皇家谱牒的"户口本"也弄丢了，"皇二代"的身份更是无从查证，成了一笔糊涂账。这位帝姬究竟是真是假呢？

好在这位帝姬自报家门，说她是小王贵妃的第四个女儿。

是贵妃所生就好办了！因为贵妃身份仅次于皇后，徽宗后宫的女人虽然数不清，能升到贵妃这一层级的毕竟屈指可数，贵妃所生的女儿应该总有些宫人认得，何况高宗身边就有一个叫冯益的太监，曾经在小王贵妃那儿服侍过一段时间，知根知底，甚至还依稀记得柔福帝姬小时候的模样。

冯益就被派去绍兴查验帝姬的真假，与他一同前往的还有一位叫吴心儿的老宫女。

柔福帝姬果然是真的！这是冯益的第一印象。不仅眉眼似曾相识，而且谈吐也相当得体，再问一些东京宫中的旧事，她也对答如流，比如说父皇经常在宫中戴一顶东坡巾，淡黄的便袍上披一件丝绵半臂，也就是类似今天的马甲。这些徽宗的生活细节，外人是不可能知道的。唯一令人怀疑的是女子的一双脚似乎大了些，而该女子也不胜悲苦地解释说："金人驱赶我们就像驱赶牛羊，曾经光脚走了上万里路，这双脚哪里还能保持原样呢？"——说得也是！说得冯益他们也流了不少眼泪。

两位钦差就这么屁颠屁颠地回去复命，打包票说，帝姬绝对错不了，如假包换！高宗听了这回复，当然也很高兴，自己终于不再是"孤家寡人"了。于是，等到金兵一撤退，天下稍一太平，便在临安召见了该女子。

两人一见面，那女子就亲热地叫出了高宗的乳名"多富"，而高宗似乎也记起了她的小名叫"环环"。于是，兄妹两人抱头痛哭，亲人团聚的那一幕感动了无数的太监、宫女。

从此之后，高宗身边终于有了一个亲人。对于这个妹妹，做哥哥的真是照顾得无微不至，他甚至还亲自替妹妹选了一位妹夫——永州防御使高世荣，相当于今天的军区司令员。赏赐的嫁妆就达十八万缗，那可是黄金钻石、宝马奔驰……应有尽有，看得众人都眼红。根据《鹤林玉露》一书的记载，盛大的婚礼场面在当时很具轰动效应，临安的老百姓都见证了这一幸福的时刻。

接下来，高宗对妹妹、妹夫也宠爱有加。就这么平安无事地过了十二年，问题却出来了。以下的重大变故，出自《四朝闻见录》的记载：

就在太后回銮的当天晚上，韦太后对官家说："柔福帝姬不是已经病死在金国了吗？怎么又会冒出来一个呢？"高宗向母亲解释了柔福帝姬逃回来的情状，但太后一口咬定，真正的柔福帝姬早已经死了！韦太后还说，她之所以不在白天当场揭穿，也是考虑到盛大场合不宜如此行事。

问题严重了！连公主都有假冒伪劣？皇帝很生气，后果很严重！柔福帝姬立即被拘捕，交大理寺审问。严刑拷打之下，这位女子招供了：她说她原本是汴京的一位尼姑，叫静善。北宋灭亡、东京城破逃难之时遇到一位叫张喜儿的宫女，张喜儿说她相貌气质跟柔福帝姬特别像，自己都差点儿搞错。这位张喜儿曾在小王贵妃宫中服侍，知道许多宫里的事情，闲着没事一一说给了静善听。言者无心，听者有意，静善开始留心记忆各种宫中掌故，并刻意模仿起公主的样子。本来，她也没那么大胆子冒充公主，实在也是被逼无奈。

话说静善跟张喜儿分开后，又历经曲折，曾三次被人拐卖，最后被强盗掳掠当了压寨夫人。官军剿匪，抓住了她，打算以土匪家属的名义将她杀死，静善为了活命，才谎称自己是柔福帝姬。

这样一起皇家乌龙事件要是换在今天一定会冷处理，让这假柔福帝姬人间蒸发就算了。但那时候，还没有这么高超的政治手腕和政治技巧，宋高宗下令将假公主斩首于东市。

南宋的东市也就是在艮山门城内的地方，那些目睹了太后回銮时帝姬风采的人们又一次看到了这位美丽的女子，只不过，这一次，她已经人头落地，香消玉殒。

这样的公开行刑等于说是公开印证了皇室丑闻，好在那个时候老百姓不敢把皇帝家的事情当笑话来说，也没有"段子手"发朋友圈。这事就这么算了。只是在元朝人编的《宋史·公主传》里记录了这件皇室丑闻。

老百姓算了倒罢了，但史学界还有另外一种声音：这个柔福帝姬其实是真的，是韦太后说了谎。比如清代袁枚的《随园随笔》就引《琐碎言》说："柔福实为公主，韦太后恶其言在房事，故亟命诛之。"

韦太后为什么要说谎呢？她想掩饰什么不可告人的事情吗？其实说来也是蛮辛酸的。

国破家亡之际，战争不再只是男人们的事，女人要比男人承受更多的苦难，因为她们往往会沦为敌对方的战利品和敌人的玩物。

根据《靖康稗史笺证》等书的记载：靖康二年，金军将徽、钦二宗以及嫔妃、皇子、公主和宗室贵族三千余人押送北方，其中，妇女占了很大的比例，包括高宗的生母、当年的韦贵妃和柔福帝姬都在其中。

一路上，这些妇女受尽了调戏和凌辱。到达金国后，金人举行献俘仪式，命令所有俘虏不论男女一律脱光上衣，"无上装"牵着一只羊，去太庙行礼。钦宗的皇后朱皇后忍受不了这样的奇耻大辱，当夜就自杀了。而这些曾经显赫的贵族女人，绝大多数没有自杀的勇气，她们只好等待着更多的侮辱。哈姆雷特说："女人，你的名字叫软弱。"可有时候，软弱也是没办法的事。

柔福帝姬被掳北上时才十七岁，是宋徽宗未出阁的公主中年纪最大的一个，金人对她格外重视，想把她献给金太宗。但是在北上的路上，一名押解的金国将领就忍不住了，把柔福帝姬给强奸了。

擅自动了皇帝的女人，真是色胆包天了！这名金将因此被残酷处死，而金太宗对柔福帝姬也不感兴趣了，把她送到了"浣衣院"为奴。

"浣衣院"听起来好像是洗衣房，其实就是一个"慰安所"，在那里，柔福帝姬见到了高宗的生母韦贵妃，原来韦贵妃也在这个慰安所里苟且偷生呢！

这么讲，你大概明白了吧？韦贵妃回国后就成了韦太后，母仪天下，又怎么能让这段当"慰安妇"的屈辱生活被人知道呢？而且，韦贵妃还被金国的将领完颜宗贤占有过，甚至还跟完颜宗贤生了两个儿子，这样的事情也确实令韦太后非常难堪，为了怕人泄露，韦太后便要诬指帝姬是假的了。

人，总是不愿意让自己的屈辱往事暴露出来，尤其是在风光之后。这是人性的弱点，同时，也系着人性的善与恶。记得20世纪80年代，有一部日本的译制片叫《人证》，或者翻译成《人性的证明》，功成名就的东京时装界女设计师在美军占领期间曾经跟一位黑人美军士兵同居，并生下一个混血儿。混血儿跟着父亲回了美国，长大后来东京寻找母亲，而母亲此时已是东京著名的时装设计大师，并且嫁给了一位日本议员，有了新的家庭和子女。为了掩饰战争期间的往事，这位母亲不惜将刀子刺入了混血儿子的心脏。东京警视厅在侦破这起凶杀案时，揭开了这个人性的真相。影片的主题曲《草帽歌》曾经流行一时，可见人性，无论在古今中外都是一样的。

映月桥下波心荡，都是一片伤心碧。

02
冥冥细雨湿高城

①

艮山门越来越热闹了。

从绍兴和议达成后,宋金两国名义上成了友邦,逢年过节、贺喜吊丧双方都会互派使节。

南宋的外宾接待制度基本沿袭北宋。当年汴京城内有八处专门招待海外诸国番客使者的国宾馆。为了免除语言不通的麻烦,北宋的国宾馆是按国别分类来专门接待的:汴河北岸位于旧城光化坊的叫都亭驿,是专门接待辽国使节的。辽国是北宋最强、最大的邻国,在外交上处于优先地位,辽使到汴京活动也最多,在宋辽共处的一百多年间,辽使来汴京达三百次左右,平均一年两次以上,人数约在七百人以上;新城内城西厢惠宁坊,有家都亭西驿,是接待西夏使者的;接待回纥、于阗使臣的叫礼宾院,在新城内城厢延秋坊,汴河南岸金梁桥附近;接待高丽使臣的同文馆位于间阖门外安州巷,来汴京的高丽使者也有很多,"韩流"一般较为庞大，少则几十人，一般为一百多人，最多的一次竟来了二百九十三人；南番、西番、大食（阿拉伯）的贡奉客使可以住在兴道坊的怀远驿；大金国因为立国时间较晚，所以就安排在了陈桥驿边上班荆馆，在封丘门外东陈桥附近。

南渡之后，情况有所不同，一是失去了中原大国、万邦来朝的地位，番客使者明显也比北宋时少了许多；二是辽国已经灭亡，取而代之的最强、最大邻国成了大金国。所以，南宋从实际出发不再设置那么多国宾馆，礼部鸿胪寺只在远离皇城的余杭赤岸（今皋亭山公园附近）设一班荆馆，在大内附近的六部桥设一都亭驿。凡有外宾番使前来，一律先安排在班荆馆入住，沐浴赐宴一番礼节下来再交换国书，然后择定吉日由余杭水门沿运河水路过艮山门进城，入驻都亭驿，等候陛见。

艮山门，因位于临安城东北角，受后沙河、五里塘、泛洋湖水系河道的阻碍，不能扩展，旱门水门都一直固守原址。出艮山门就是沙田里，向北路通打铁关、东新关；向东北经三条枪（今机场路里街西段）连接走马塘路（今机场路北侧），通汤村（乔司）、赤岸（丁桥），过上塘河至皋亭山、黄鹤山、临平山（也通临平湖），是宋代的一条重要官道，沿途有三铺（邮驿）一馆（石陡门铺、姚陡门铺、横塘铺、赤岸班荆馆），凡有北方官邮文牒或使者来朝，陆路都经过此路进入艮山门去南宋朝廷。

艮山门成了使节进出的必经之地，而那时节，金国的使臣大摇大摆、趾高气扬地进来，实在是让南宋的老百姓看了颇为郁闷且沉痛。根据绍兴十一年（1141年）的和议内容，南宋要向金国称臣，据说，那一年金国的使臣来下国书，官家硬是装病没接见，否则他就得跪拜着接国书了，这脸也丢不起呀！最后，还是秦宰相代替官家跪着接受了人家的国书。秦相爷是从北边回来的，跪惯了的，跪一跪也不为难他，临安的老百姓都这么评价。

不知从什么时候开始，艮山门一带的老百姓把验关所旁边的一条巷子称为"怀远坊"。在都亭驿盖起来之前，金使下榻的宾馆就在怀远驿。怀远驿在武林门外，是用来接待高丽、大理、大食等国使臣和商人的，"怀远"的名字多好啊，以怀柔之策对待远方的蛮夷之邦，有泱泱大国的气度。但是现在，金国地位不一样了，根据绍兴和议，南宋得向金国称臣。

成了金国的臣子，官方当然不敢托大用"怀远驿"的名字，但却管不住老百姓自己取巷名呀！那个时候还没有"地名办"，老百姓愿意将武林门外的名字套用到艮山门来，谁也管不着！

其实，朝廷对金国的戒备是心照不宣的，怀远坊里很快又设置了一处"摆铺"。所谓的摆铺，说起来是驿站性质、通信传递的铺子，其实是兼具军事化"斥候铺"功能的，因为在摆铺公干的都是一些铺兵，完全用军事管理，这样就把瞭望、侦察和通信传递结合起来了，目的是在非常时期保证及时报送紧急军情。只要上了天街，从艮山门跑到皇宫北面的和宁门就只需要半个时辰！

隆兴、开禧年间，朝廷振作北伐以图恢复山河，怀远坊里的摆铺昼夜喧闹，各种前线来的情报一刻不停地用快马送去枢密院、送进宫去，忙碌的时候连护城河的吊桥都来不及拉上拉下了。当北面来的快马踏着石板路溅出的火星从城门处经过,艮山门一带的老百姓也都提着一颗心忐忑不安地想着,这快马带来的究竟是好消息还是坏消息?可惜,让人振奋的日子只是昙花一现,主持北伐的两位大臣张浚、韩侂胄先后都落了个极坏的下场,隆兴年间张浚还只不过是贬官外放,开禧年间韩侂胄就更惨了,连自己的脑袋都被装在匣子里送到大金国去了。说起来,那只盛放韩侂胄头颅的匣子也是从这里送出城去的。

艮山门,艮山门,这座杭州东北角的城门正对着东北方的金国,实在是经历了太多的事情!

战争既以失败告终,那么还是得和议。金国的使臣从这里进城来,南宋的使臣也得从这里出城去。

乾道年间,宋孝宗打算派出泛使到金国更改隆兴和议的条款。根据和平协议,每次金国大使送来国书,宋朝皇帝必须起立迎接,这比绍兴和议规定的跪拜接受已经好得多了,两国的关系也从"君臣"改变为了"叔侄"。但是孝宗皇帝还是很不爽,准备派人出使金国去要求修改礼制。

按照惯例,逢年过节和婚丧庆典才能互派大使,无缘无故来使就算挑衅了。这种来"挑衅"的特使,是有风险的。派谁去充当使者呢?宰相虞允文考虑再三,把人选定在了李焘和范成大两个人身上。

李焘是史学典籍《续资治通鉴长编》的编撰者,才高八斗,胆子却不到一斗,一听是去送死,打死也不干,找到虞允文说:"今往,金必不从,不从必以死争之,是丞相杀焘也。"

李焘不敢去,使者人选只剩下范成大一个人,同为读书人的范成大豪气干云，慨然应允。

皇帝便把范成大往火坑里推，临走前还装模作样问他："听说大家都怕这差事？"范成大一脸无所谓："我已经把遗书写好了，就没打算活着回来。"

说起来，范成大此行的目的是撕毁原有协议，要求重新制定邦交礼仪，但南宋君臣又怕过分刺激金国，不肯在国书里明确写清楚，只是要范成大见机行事。这份绕弯子绕半天绕得莫名其妙的国书，当然也让范成大很不爽，他干脆以自己的名义写了一份报告准备递交给金国皇帝。在出艮山门的时候，许多同僚官员来为他送行，他就把这份报告抄录了许多份，散发给大家。这样，就算自己去送了死，大家也好为自己做个证。

去递国书却夹带私人的报告，这样的行为多少有些冒失，大家很替范成大捏了一把汗。他出城的那天，正好下着细雨，"冥冥细雨湿高城"，又为这次送行增添了几分缠绵凄恻的气氛。而他的那份报告不知怎的，却从艮山门的摆铺里流传出来，临安城里的老百姓都为他竖起了大拇指。

后来的情况发展倒是出人意料：金国皇帝也不想把两国关系彻底搞僵，金国的外交部门接受了范成大的申请，同意修改国书递交礼仪，还归还了宋钦宗的梓宫（即棺椁），并且允许南宋迁奉河南皇陵。据说，金国的外交官员请范成大吃饭时，还称赞他有不怕死的精神，敬重他的风骨气节。

当范成大不辱使命，从金国出使归来，入城时，他在艮山门受到了南宋朝野超规格的欢迎。而经过这一轰动"国际"的外交事件后，范成大成为南宋政坛一颗冉冉升起的新星，被任命为中书舍人，历任知静江府、四川制置使、参知政事等，绍熙四年（1193年）去世，谥号"文穆"。

出使金国的使臣当然不是每个人都有范成大那么好的运气，很多人把出艮山门当作汉唐时期的"西出阳关"，于是，在艮山门外的打铁关一带，折柳送行成为一时风尚。流风演变，就成了大家的一个习惯。哪怕不是出使金国，士庶百姓只要出城远行，就相约在此饯别，打铁关权当杭州的"阳关"。

范成大

②

汪元量是南宋皇宫中的琴师。

这一天已是德祐二年（1276年）的正月十五日。对于凤凰山南宋皇宫里的君臣来说，这是一个特殊的日子，因为这将是南宋王朝的最后一个节日。

元军统帅伯颜率领的蒙古铁骑已经进驻临安城外的皋亭山。作为正对着皋亭山的门户，艮山门虽然加强了防守的兵力，殿司三衙的禁军高级军官们都亲自上了城楼，这一带的老百姓也被动员起来加固城防，连家里的大铁锅也都搬上了城头,熬着滚烫的热油,一副殊死抵抗的样子。

但这又有什么用呢?站在艮山门城墙上,已经能够听到胡马啸西风了。

大军压境,宫廷内外寝食难安。以往皇宫中过节时的各种礼数都免了,谁还有心情顾及这些呢?

汪元量是作为皇使抱着他心爱的古琴来艮山门慰劳军民的。他在城墙上拣了一处高地盘膝坐下,也没有什么琴桌,那张琴就放在他的膝上,仿佛成为他身体的一部分。手挥五弦,目送飞鸿,在城头抚琴,这让他想起了"空城计"的故事,可惜他不是诸葛亮能够抚琴退敌。因为心情郁闷,他的琴声也较平昔激越了不少,他只希望这琴声能盖住远处依稀传来的胡笳的嘈杂声。然而不能。

回到宫里后,他写了一首《传言玉女·钱塘元夕》的词,记录了身处围城之中的人们那种大厦将倾的感受:

> 一片风流,今夕与谁同乐?月台花馆,慨尘埃漠漠。豪华荡尽,只有青山如洛。钱塘依旧,潮生潮落。
>
> 万点灯光,羞照舞钿歌箔。玉梅消瘦,恨东皇命薄。昭君泪流,手捻琵琶弦索。离愁聊寄,画楼哀角。

第二天,就传来了湖南潭州失守,潭州镇抚使兼知州事李芾全家殉难的消息。"死得好!死得好!"汪元量在心中无力叹息。接着又传来了嘉兴知府刘汉杰举城降元的消息,临安周围各关口的宋军大多也已溃散。

第一品 流光

正月十八日，谢太皇太后派监察御史杨应奎捧着国玺和降表从艮山门出城，到皋亭山元营向伯颜投降。城上的军民号哭声震天动地，使得这座艮山门也摇摇欲坠了。

伯颜接受了国玺和降表后，要求宋朝丞相前来商议具体的投降事宜，但这时丞相陈宜中已经逃跑回了温州老家。四岁的小皇帝坐在金銮殿上豁了开裆裤倒也生死不怕，急的是他的奶奶、垂帘听政的谢太皇太后，这"孤孙寡奶"的，真的是欲哭无泪了！

于是，作为南宋最后一抹亮色的文天祥出场了。

文天祥是宝祐四年（1256年）的状元，那一年他正好二十岁。

想当年，头戴簪花在临安天街上骑马游街，接受万民欢呼的时候，那可真是意气风发。马上的这位状元郎相貌堂堂，一副平步青云的气象，俘获了众多少女的心，她们尽情地向他抛撒鲜花。而状元郎的心气也傲得很，早在孩提时代，看见学宫中祭祀的同乡先辈欧阳修等人的画像，他就羡慕不已地说："如果不能成为其中的一员，就不是真正的男子汉。"

按照宋朝做官一般的晋升路线，中了状元后先是分配到国子监也就是国立中央大学当个高官，然后转翰林院学士，也就是中央政策研究室部级官员了，再到中央各部委转一圈，做得顺利就被列入未来的宰相人选了，应该说前途是一

文天祥

[南宋] 文天祥《谢昌元座右自警辞》（局部）

片光明。然而，文状元显然比较倒霉，正在组织部准备找他谈话的时候，他的父亲死了。按照封建时代的制度，丁忧三年，也就是要回家守孝三年，三年之后再来向朝廷报到。而三年后，早就有了新的状元，谁还惦记你这"明日黄花"，好工作估计也轮不上了。文天祥守孝三年回来后，果然没有留在中央政府，而是被派到了地方工作。

当时的朝政把持在贾似道手中，这位蟋蟀宰相喜欢人家对他歌功颂德，搞个人崇拜，他知道文天祥状元出身，文字功底很好，特抛出橄榄枝，让他写写马屁文章。没想到文天祥心里厌恶老贾，便玩起文字游戏，将老贾讽刺挖苦了一番。得罪了当朝一品，你的仕途还会有戏吗？文天祥倒也死心了，递交报告要求内退，朝廷很快批复同意，于是三十七岁的状元郎就退休了。

我们今天讲到历史上的正面人物，脑子里总是首先出现一个个清贫的形象，其实不然，文天祥的家境就非常富裕，可以说是家财万贯。回家

第一品 流光

做个大富翁倒也不寂寞，问题是天下大事不安耽。元朝的大军排山倒海地压了过来，一路打到了临安城下。朝廷发出了紧急求救信号，文状元一直以天下为己任，当然不会坐视不管。他迅速检讨自己生活上太过奢华，立马将家财散尽，全部充作军费，招起了一支万把人的民兵武装，赶去临安勤王。要是没有这万贯家产，恐怕也没有这万人武装。

贾似道这时已经倒台，当政的是宰相陈宜中。陈宜中看到文天祥领着这么一支民兵过来，认为是乌合之众，居然不准他们进城。文状元满腔热情地过来支援，换来的是这样一种待遇，你说苦不苦？

后来好说歹说，文天祥总算获允一个人进城。就在这艮山门城楼下，他遣散了毁家纾难招募起来的万人队伍，城上放下一个空篮筐，就这么将他一个人吊进了城。

讽刺的是，文天祥拼命要往围城里冲，而围城里的许多南宋官员化装的化装、整容的整容，脚底抹油拼命要逃出城去。过了不久，连宰相陈宜中也逃走了。谢太皇太后看到文天祥这个状元公像是见到了救命稻草，立马封他为枢密使，相当于今天的国防部部长，后来文天祥又升任右丞相兼枢密使。

这个时候，南宋朝廷要兵没兵，要将没将，只剩下投降议和一条路了。元军主帅伯颜执意要南宋的宰相去军营商议投降事宜，陈宜中也正是因此而逃走的，而文天祥接手了宰相的位置，也就成了出城谈判的不二人选。谢太皇太后于是派他和左丞相吴坚一起去元军议降。

从和宁门出来，一路沿着天街朝北面的艮山门而来。这条路就是当年状元游街的道路，文天祥是再熟悉不过了，只可惜现在已经没有了鲜花掌声，只有凛冽的北风卷着地上的黄叶在他们的马蹄边凄凉地打着转。

这座艮山门更是叫他伤心，吊他进来的那个篮筐似乎还在那里，盛满了守城时要用的石块，但现在，这些石块已经派不上用场了。文天祥突然觉得篮筐里盛的就是他那颗破碎的心。

听说文丞相要出城去谈判，很多人都自发地赶到艮山门来相送。文天祥知道，他们中一定有不少人目睹了他二十年前意气风发的状元游街。今夕何夕，人生为什么会有这么大的落差？想到这里，文天祥也不觉潸然了。汪元量也在相送的人群中，他只觉得一粒沙子吹进了眼里，忍不住揉拭泪眼。

艮山门护城河的吊桥在盘索的隆隆声中放了下来，一人一骑，在西风中过了吊桥，向北而去，从此就再也没有回来。

艮山城门这一开，就是六十年，直到元末天下大乱。

3

德祐二年（1276年）二月的一天，城楼的吊桥再一次隆隆地放了下来。早已列队等候在城门外的蒙古兵大刀阔斧地开进了杭州城。艮山门周边的老百姓都躲在家里没有一个敢出来，好在伯颜约束了军纪，倒也没有此前屡屡发生的屠城之类的惨祸。只是，这一天，阴云笼罩，日月无光。

城头都换上了蒙古的兵丁，一面"宋"字的杏黄旗也换了"元"字。

在元军的胁迫下，谢太皇太后向全国各州郡发布了归降手诏。负责传达投降诏谕的铺兵从各个城门飞骑出城，唯独没有从艮山门出去的。北面的城池早已全数被蒙古人收入囊中，还需要招降谁呢？

出了艮山门，逶迤北走，桑田麦垄、河汊港湾、板桥茅舍，机杼声声，如此江南好地方，尽属了元人！

二月初九日，南宋朝廷派出祈请使、奉表献玺纳土官、掌管礼物官、掌仪司官等三百多人，以及三千多名扛抬礼物的将兵，在元兵的监督下从艮山门出城，启程北上，赴元廷祈请投降事宜。

三月，伯颜俘宋恭帝、全太后及宫妃、宗室、大臣等三千人北去。当年在汴京上演的一幕又在杭州重演了，艮山门目睹了南宋的灭亡，这座城门也算跟这样孱弱的王朝相始终了。

汪元量也在这北去的三千人中。"一阵西风满地烟，千军万马浙江边，官司把断西兴渡，要夺渔船作战船。"这是他作为一个南宋臣子，在南宋的城门边写的最后一首诗。

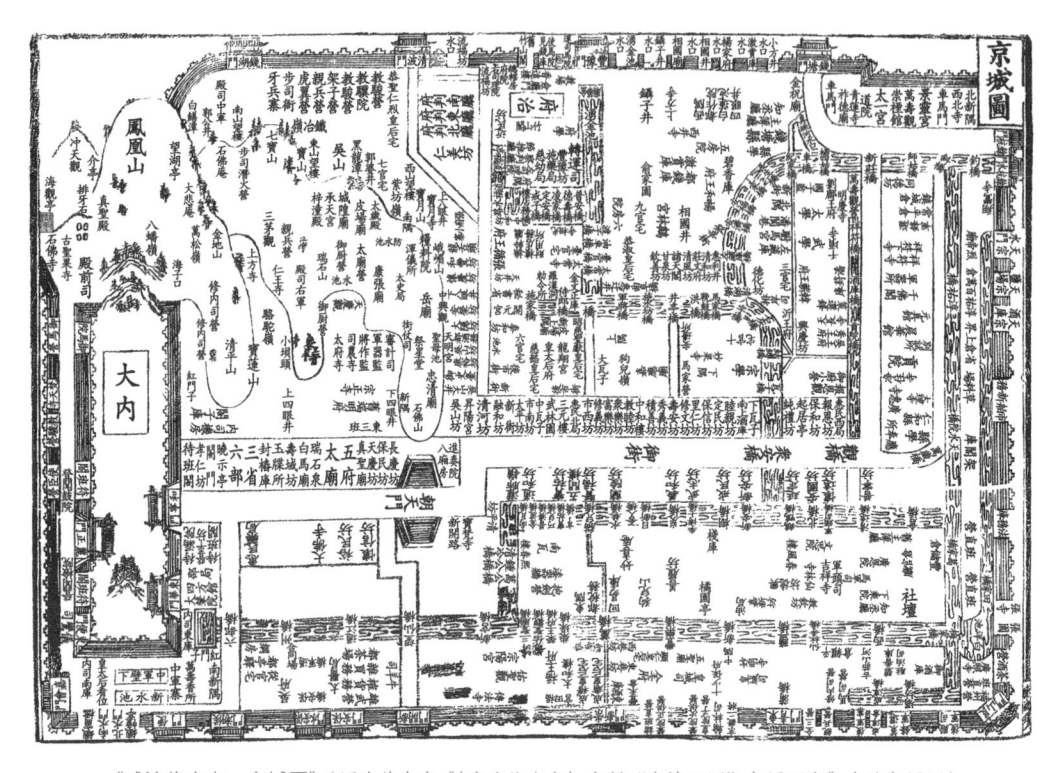

《咸淳临安志·京城图》（图为姜青青《〈咸淳临安志〉宋版"京城四图"复原研究》中的复原图）

....

数年之后，汪元量回到了杭州，他惊讶地发现，艮山门居然被蒙古人拆毁了！

拆毁的还不仅是艮山门，杭州的所有城门都被拆掉了，甚至全国各地的城池都被拆了。

蒙古人的想法是，天下既已一统，还要城守干什么？他们甚至想把这个世界变成一个巨大的草原。据说，在刚刚攻下金国的燕京（今北京）

时，蒙古大汗就想把城里的人杀光，把那里改造成一个大型牧场。后来，幸得耶律楚材这样有眼光的大臣劝阻。然而，拆毁全国各地城池的举动还是被轰轰烈烈地推行开来。

南宋的时候，作为朝廷的行在，杭州有十三座城门：嘉会门、余杭门（俗称北关门）、东便门、候潮门、保安门（俗称小堰门）、新开门（俗称草桥门）、崇新门（俗称荐桥门）、东青门（俗称菜市门）、艮山门（俗称坝子门）、钱湖门、清波门（俗称暗门）、丰豫门（俗名涌金门）、钱塘门。这十三座城门到了元代被拆得一座不剩。

"古清波门"纪念碑（刘路摄）

汪元量望着这一片空旷寂寥的土地，欲哭无泪。

④

被蒙古人拆毁的城墙终于又恢复了，这已经是七八十年后的事了。

经过几年的反复，公元1359年，元末义军领袖之一的张士诚终于派其弟张士德攻占了杭州城。

在元朝末年抗元起义领袖中，有"（陈）友谅最桀，（张）士诚最富"之说。这位泰州兴化（今江苏盐城）的私盐贩子原本家境富裕，因受不了盐警的盘剥和欺压，与其弟张士义、张士德、张士信及李伯升等十八人率盐丁起兵反元，史称"十八条扁担起义"。他们袭据高邮，自称诚王，建国号大周，成为纵横东南江浙一带的地方割据势力。1356年，又迁都苏州，改称吴王。

张士诚的心目中有一个偶像，那就是五代吴越国的钱镠王。钱镠曾经在杭州筑罗城，奠定了"一剑霜寒十四州"的基业，攻下杭州后，为了加强防卫，张士诚也决定大规模修筑杭州城。于是，他征发浙西之民来杭州筑城墙，由郡守谢节和守将潘元明组织和指挥，出粟二十万石。所有土石砖甓灰铁木等物材，"累巨万亿而不可胜纪"，历时三月完成。

经张士诚修筑的杭州城垣，周围六千四百丈、高三丈、厚加一丈，有清波门、涌金门、钱塘门、余杭门、和宁门、清平门、天崇门、北新门、艮山门、庆春门、清泰门、永昌门、候潮门等13座城门。

张士诚筑的杭州城东面自艮山门至清泰门向外拓展了三里，拦东河入城；南面则自候潮门以西缩入二里，将南宋皇宫所在的凤凰山截于城外，也许他是想破一破这亡国的风水。但不管怎么说，这次大规模的筑城工程，使杭城面积有所增大，艮山门一带都被纳入了城里。

在改筑杭州城的同时，张士诚又组织民夫二十万人，拓展自武林港至江涨桥段运河航道，长六千七百五十丈，宽二十丈，历多年完成，称"新开运河"。

张士诚尽管大张旗鼓地修筑了杭州城，艮山门在他的手里总算重见天日，但他本人似乎并没有得"天命"。公元1366年，朱元璋派朱文

[明] 项圣谟《西湖雪景图》

忠率兵夺取杭州,张士诚部将潘原明投降,从此,杭州正式归入大明的版图。

自明朝起,杭州城门名称又有了更改。清波门、涌金门、钱塘门、候潮门、艮山门、庆春门、清泰门,这七个城门一直沿用到了今天;和宁门、清平门、天崇门改为了凤山门;余杭门改称武林门,因关外有"北关夜市",也被称为北关门;永昌门因附近有草桥,也被称为草桥门,后因"永昌"为李自成年号,而此处又是观赏钱江潮的佳地,故改称"望江门"。

改名后的这几个城门一直沿用至今,也就是大家所熟悉的杭州十城门了。

到了明朝中期,倭寇气焰日盛。嘉靖三十四年(1555年)正月,倭寇自乍浦攻海宁,转掠塘栖;五月,又南趋海盐,掠长安、临平至余杭,直逼杭州城,钱塘门外的昭庆寺被烧毁,大批僧侣惨遭毒手。这帮强盗又像海啸一般席卷到清波门外,他们怀疑雷峰塔里藏有明军的伏兵,便纵火烧塔。灾后古塔仅剩砖砌塔身,通体赤红,一派苍凉。

明廷对四处流窜的倭寇束手无策,守城明军只好将十座城门的吊桥高高悬起,严阵以待,以防倭寇偷袭。艮山门也自元人攻城以来,又一次进入了战备状态,不过,这一次的威胁来自水上。

这一天,艮山门城楼上来了一位精干瘦巴、其貌不扬的文人,手里拿着一把折扇指手画脚,操着一口绍兴话跟周围的人攀谈,询问着城门启闭的时间,爬上高地四处瞭望,还拿出纸笔来圈圈点点。守城的将士险些就要将他当奸细抓起来了,后来才知道,他竟然是督抚胡宗宪最亲信的幕僚、绍兴师爷徐渭徐文长。

这位徐师爷胆子也真大,像个猢狲似的爬到城垛上去张望,守城的校尉真担心一阵风来把他吹落下去。

艮山门的水路通大运河也通钱塘江,

徐渭

运河是内河，倭寇不敢进来；钱塘江通外海，还是要提防倭寇进犯。

徐渭发现倭寇大多是从水路而来，但因为杭州的城池不够高，往往要到倭寇的敌船兵临城下才发现，所以，他在对杭州城防作了一番仔细的研究后，回去就向胡宗宪提出了在城墙上筑"望楼"以为警示的建议。

望楼不仅可以瞭望，也可以居高临下地远距离打击敌人。明朝的军队已经普遍配备了火器，远距离打击不成问题，胡宗宪对这位徐文长先生十分倚重，立刻采纳了他的意见。

次年，在清波门南城上筑带湖楼、东南城上筑定南楼，凤山门西城上筑襟江楼，艮山门东城上筑望海楼（俗称跨海楼），以资守望。

倭寇倒狡猾得很，知杭州有备，从此就再也不敢南下窥江。

明代杭州籍戏曲家高濂有一次雪后登上艮山门望楼，留下了一篇《雪后镇海楼观晚炊》在他的《四时幽赏录》里：

> 满城雪积，万瓦铺银，鳞次高低，尽若堆玉。时登高楼凝望，目际无痕，大地为之片白。日暮晚炊，千门青烟四起，缕缕若从玉版纸中，界以乌丝阑画，幽胜妙观，快我冷眼，恐此景亦未有人知得。

其实，在城上筑望楼并不是徐渭徐文长的发明，早在唐朝的时候，艮山门外就有座望海楼。《艮山杂志》载："望海楼当城东北之隅，下临艮山，楼内奉艮山福主（土地菩萨）……"它原是艮山上的土谷神，后因庙废奉此。当时，白居易在《杭州春望》诗中写道"望海楼明照曙霞"，同时注云"城东楼名望海"。宋代的苏轼也有《次韵述古过周长

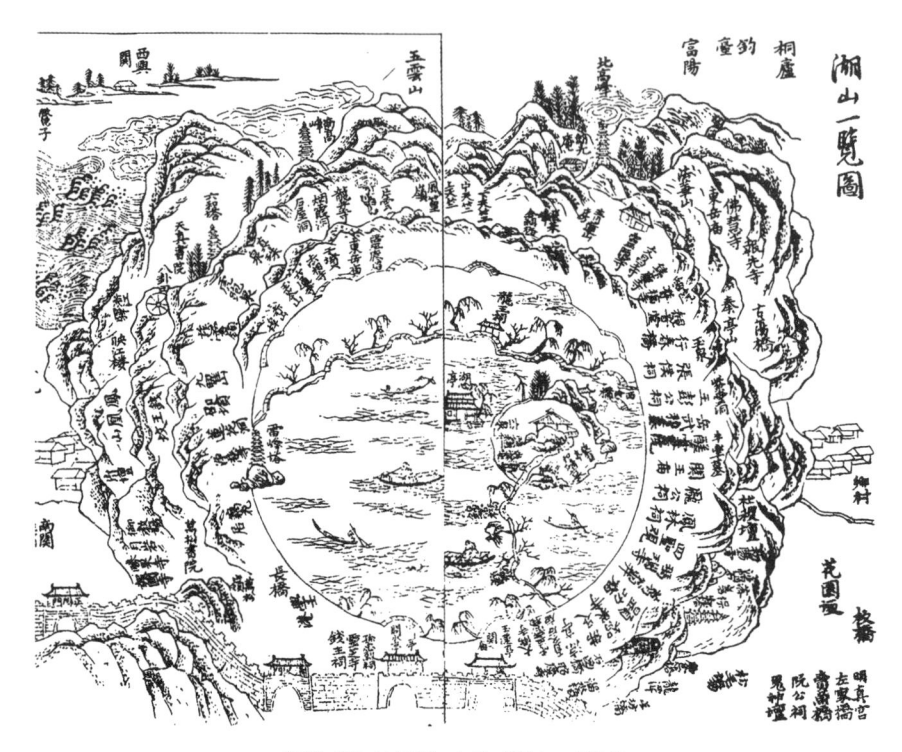

[明]《海内奇观》中的《湖山一览图》

官夜饮》诗:"云烟湖寺家家境,灯火沙河夜夜春。"可见,在宋朝时期,艮山门外一带已经十分繁华。

艮山门城楼东北角的望海楼自明代开建以后,应该是与城门相始终的。清代的《杭州府志》也记载:"艮山门东城上有望海楼,俗呼跨海楼。"府志上的这座楼建于清康熙二十四年(1685年),由中丞赵士麟修筑,可见在明清时期它曾多次重修或重筑。清光绪十八年(1892年)舆图局绘制的《浙江省城图》上还标有这座楼址,它曾是艮山门上的一道亮丽

风景,有位叫景星杓的文人在《重登望海楼》诗中写道:

> 望海楼前正夕阳,重来登望极苍茫。
> 惊涛欲没盐官树,孤鹜斜飞越客樯。
> 扶策自悲春渐老,凭阑抚景意何长。
> 城头吹落风前啸,唤起啼乌下女墙。

⑤

不管怎么说,艮山门城楼上自从造了望海楼后,倭寇倒是再也没有来犯。不过,倭寇没有来,鞑子倒是来了。艮山门的城头插上了大清的旗帜,杭州人再度落入了异族的统治之下。

根据顺治帝的"剃发令",男子的头发被剃去了前半部分,脑后却拖出一根长辫子来。各地都有激烈的反抗情绪和行为,杭州算不得最激进的城市,但是反抗总还是有的。当时的杭州城里有许多汉人赴水而死,艮山门一带的东河里经常漂着浮尸,最厉害的是横河桥一带。钟敬文的《湖上散记》中记载:"杭人赴横河桥死者,日数百人,河流为之壅。"人间天堂一时竟成了人间地狱!而清人则继续他们的高压政策,清军宣布要圈地驻军,"以资弹压"。

从顺治五年(1648年)六月起,在濒西湖东岸、杭州城西(今青年路、惠兴路、岳王路以西,庆春路西段以南,湖滨路以东一带地域)开始建立旗营,周围九里有余,占地一千四百三十多亩。这个号称"穿城十里"

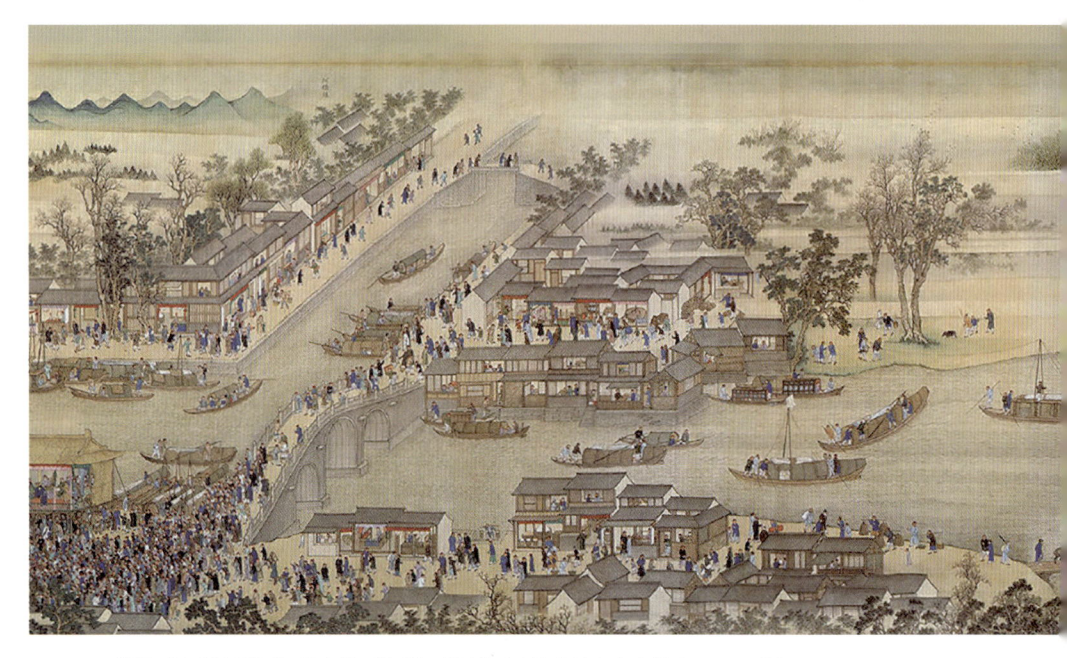

[清]《康熙南巡图》第九卷（杭州—绍兴）局部（图中为京杭大运河沿岸）

的旗营位置就在今天的湖滨六公园一带，也就是当年的钱塘门和涌金门之间，紧挨着西湖。城墙是以砖石砌起来的，高一丈九尺，厚六尺，全长将近十里，城头上可以有两匹马并驰，城墙上布炮位，防守严密。满洲旗人在这个"超级军区大院"里日日骑射操练，炫耀功夫。

尤其是圈地筑城时，清政府强迫百姓迁徙，而对被驱逐的居民又不设法安顿，任其流离失所，或在寺庙路亭处栖身。这些百姓还要照旧缴纳地税，以至于"扶老携幼，担囊负箧，或播迁郭外，或转徙他乡"。那段时间，从艮山门出去逃难的杭州人不计其数。

旗营的军纪很坏，驻防将领恃威放肆，或夺占民业，或重息放债，或

第一品　流光

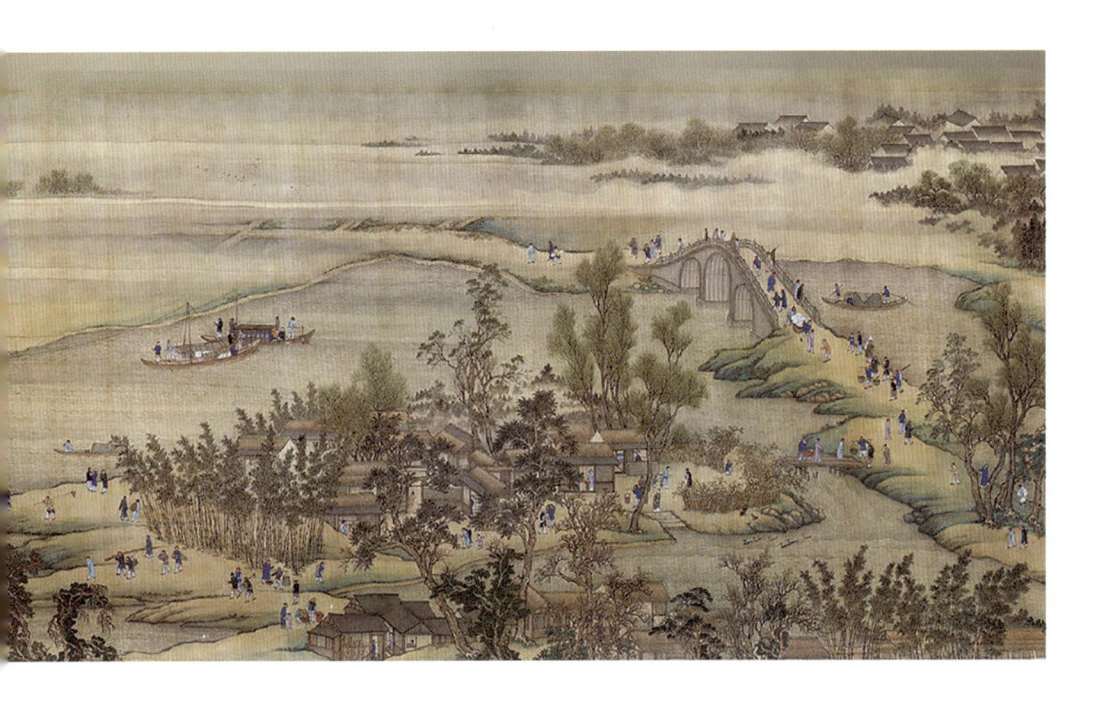

强娶民妇,胡作非为,种种为害,所在时有。居住在旗下营里的满人称旗人,旗人也每以征服者自居,歧视和凌虐汉人,作威作福。他们经常以贱价强买货物,几乎等同于掠夺,弄得周边商贩苦不堪言。旗营平时禁止汉人出入,杭州人想要出城去西湖玩赏都要受到交通的阻隔,只在清明等假日例行开通,允许汉人穿城而过,但汉族妇女出钱塘门去北山扫墓时,屡屡有被调戏、侮辱的事件发生。

旗人不事生产,唯一热衷的营生就是向汉人放高利贷。按月加利,借人十两银子,十个月后就成了二十两,再过十个月,"利滚利"又成了四十两。就这样,把汉人盘剥得倾家荡产,卖屋典妻,更有甚者卖身成为旗人的奴仆。

这种情况下甚至还闹出了一件大事，告到了皇帝御前：

康熙二十一年（1682年），浙江巡抚王梁路经艮山门，发现居民都闭门罢市，往昔热闹的街面成了一条死街。王梁不禁纳闷，派人询问。人们见巡抚大人发问，便纷纷出来向他控诉，说是地痞恶棍诱骗他们向旗人借债，害得他们一贫如洗。王梁便令亲随抓了几个地痞恶棍，想带回衙门去审讯。不料这时，却来了几百名旗兵，强行阻拦。这些旗兵对汉人巡抚毫不理会，肆意辱骂，还掀翻车驾，砸了王梁的轿子，几乎酿成一场激变。

旗人竟敢当面凌辱汉人出身的朝廷命官，可见嚣张到何等地步！幸亏此事又被另一位汉人大员、浙江总督李之芳当场目击，李总督当即勃然大怒，将这些闹事逞凶的旗兵都抓了起来，并向朝廷呈递奏章弹劾。康熙皇帝派人来杭州审讯，旗营将军及闹事元凶都受到了惩罚，此后，旗人才总算收敛了些。

旗人与汉人的民族矛盾在清初表现得十分突出，不过，随着时间的推移，双方的民族融合也逐渐加强。杭州有一泓西湖，似乎天然就是一个软化人的地方，北方来的马背民族在这么一片温柔水土的滋养下也渐渐变得柔软起来。而清朝的皇帝也刻意笼络汉人，入关后没有多久，满洲人就以土生土长的汉人自居了。为了巩固大清帝国在江南的统治，进一步搞好"民族团结"，康熙、乾隆两位皇帝总共南巡杭州十一次。

斗转星移，时光已经到了乾隆十六年（1751年）。

这一年，杭州的官员得到一个好消息，说是乾隆皇帝准备效仿他的祖父——康熙老佛爷，也要到南方来巡视，其中就有杭州这一站。

对于接待皇帝巡行，杭州的官员其实已经颇有经验，康熙六次南巡，五次都到了杭州，还能没有接驾经验吗？只是康熙帝生性俭朴，为人也平易，而当今皇上正志得意满，多少有些好大喜功，接驾事宜马虎不得。

皇帝的龙舟由北往南来，首要的问题是安排皇帝在哪里上岸。康熙当年来杭，有时在江涨桥，有时在武林门，说靠岸就靠岸了，可乾隆皇帝的脾气是喜欢大事铺排，安排他在运河的哪个码头上岸可是大有讲究的。

有人建议在拱宸桥，"宸"的意思就是帝王居住的地方，也是皇位、皇帝的代称，"拱宸"两字多好呀，像众星拱月一般拱卫着皇帝；也有人建议在艮山门，《易·艮卦》："象曰：艮，止也。时止则止，时行则行。"让皇帝在这里歇歇脚，多有文化呀！而且，艮山门这一带地势开阔，也便于安置皇帝的扈从仪仗。

[清]《乾隆南巡图》第八卷 驻跸杭州（局部）

而最后的结果,正如大家所知,专门选择在江涨桥南面的运河一段造了一个御码头,供御舟登岸。艮山门失去了第二次被御驾光临的机会。

新造的御舟登岸处是一个长条石砌成的长方形码头,目前的码头基石,还有十二级露出水面,这些石条全是宽三十多厘米的青石板,最底层的石阶东西向就有七米长。乾隆六下江南每次都来杭州,其中四次还带着皇太后、皇后和众多嫔妃、王公大臣随驾,浩浩荡荡,人员多达二千五百多人,船有一千多艘,所到之处,文武官员均需朝服接驾,极尽奢华,艮山门也没有被选上。

乾隆没有从艮山门登岸,但却记挂着艮山门的一个人。这个人就是杭州籍的经学家、文史学家和藏书家杭世骏,字大宗。

杭姓应该是杭州颇有地方特色的一个姓氏,据说他们是大禹的后代。大禹在会稽大会天下诸侯,治水大业完成后,那里留下很多船只,他把这些船只交给他的一个儿子管理,并将他封在余航(今浙江杭州余杭)这个地方。后来,其子孙就将"航"去"舟"加"木",写成"杭",并自称为杭氏。所以,今天姓杭的人大概都跟杭州有点儿关系。

杭世骏曾经在翰林院做官,也算是皇帝的身边人。但这位老先生为人耿介,敢于直言。有一次上奏,居然要求满汉平等,触犯了乾隆,被革职回乡。据说,几年后,乾隆第一次南巡到杭州,杭世骏也参与迎驾,乾隆见了他就关切地问道:"你现在靠什么生活啊?"杭世骏也是个老实人,据实回答:"臣世骏在艮山门开旧货摊。"皇帝不懂,问道:"什么叫开旧货摊?"杭世骏解释道:"把买来的破铜烂铁陈列在地上卖掉。"乾隆皇帝听了哈哈大笑,写了"买卖破铜烂铁"六个大字赐给他。而杭世骏倒也颇有些柳永"奉旨填词"的风格,从此,在闹市摆了一个地摊,布招上书:"奉旨收卖破铜烂铁",一时观者如堵。

过了几年,乾隆又南巡到了杭州,仍旧记挂着这位倔强的老人,特地召来问道:"你的性情改过了吗?"皇帝哪里晓得,一方水土养一方人,杭世骏身上体现的就是"杭铁头"的风骨。杭世骏回答道:"臣老矣,不能改也。"乾隆也是喜欢开玩笑的,便问道:"何以老而不死?"杭世骏这次倒回答得很妙:"臣尚要歌咏太平。"皇帝也被他逗笑了。

再后来,乾隆也老了,南巡时还记挂着杭世骏。据后辈的杭州人龚自珍在《杭大宗逸事状》中说:"癸巳岁,纯皇帝南巡,大宗迎驾。名上,上顾左右曰:'杭世骏尚未死么?'大宗返舍,是夕卒。"这样的记载不知是真是假,这皇帝也真是的,好记挂不记挂,老是惦记着人家有没有死。杭世骏终于被他惦记死了,但杭州人从此对买卖破铜烂铁的却是高看一头,是其他收鸡毛鸭毛甲鱼壳的比不得的。

杭世骏

6

1911年，旧历辛亥年。

局势看来是动荡了。河埠上一户人家结婚，居然贴出了这样的新联："卿桴独立鼓，我揭自由旗"，横批倒还是切题的："快播革命种"。

这一年的农历九月，暑热刚退，艮山门的远和旅社、大通旅馆住进了一班绍兴客人。这帮客人住进来后就深居简出，每日只叫店伙计好酒好菜地买回来，在旅社里划拳喝酒。偶尔也有几个穿新军制服的人上门来找他们，一般也只喝酒谈天。店伙计认得这些军人都是驻在崇福寺营盘（今机神村附近）的新军八十一标的兵士。

九月初十这一天，旅馆门前来了一辆大车，这帮客人闹哄哄地跑出来，卸下两个木箱子。店伙计想去帮忙，被一个浓眉大眼的汉子一把推开，那汉子还威胁他："侬想作死呀！"

木箱很沉重，店伙计听到他们搬上楼时发出银圆的声响。莫非这是一帮强盗？店伙计想去报官，但时局已经糜烂到这种程度，连官府衙门都紧闭着不敢开了，又何必去惹事呢？再说了，这帮客人出手大方，房钱饭钱从不短欠，店伙计想了想还是拉起被头顾自睡觉。

王金发

陈其美　　　　　　冯国璋

　　店伙计想得不错，这帮人为首的那一个，果然是被称为"秀才强盗"的嵊县人王金发。此时的王金发已经不是江洋大盗，而是堂堂正正的光复会员，他是奉了上海的同盟会中部总会负责人陈其美的命令来杭州举事的。与他一起被派过来的还有一支队伍，由奉化人蒋介石率领，那一队人马都住在城站附近的高升客栈、大方旅馆、平安旅馆和大营盘前的奉化会馆。当然了，这时候的蒋介石还叫"蒋志清"。

　　这一年的10月10日，农历八月十九夜，武昌已经爆发起义。清政府为挽颓势，只得重新起用袁世凯，北洋军干将冯国璋受命进攻武昌革命军。为了减轻武昌方面的压力，同盟会指示，上海、杭州要尽快起义。上海方面自有陈其美担当，杭州的情况却有些特殊。

　　自建立旗营，设杭州将军以来，杭州一直是清朝政府治下的东南重镇。旗营驻军约有四千人，除了满营八旗、蒙营八旗外，还有汉营四旗。清末新政，旗营之外又增设两标新军，分别是新军八十一标和八十二标。

跟其他城市的情况一样，新军中的标统（团长）、管带（营长）有不少人是留过洋的，军士中也有不少读过书的，这些有知识、有文化的军人，对新思想接受得也快。所以，这些新军官兵事实上已经通过各种渠道加入了同盟会、光复会，准备着推翻清朝了。到了后来，各地的巡抚也不敢再信任这支新军队伍了，把他们统统打发到城外驻防，并且每支枪只发三五发子弹。

杭州的两标新军驻扎在城外，虽被革命党渗透，却受巡防营监控。而且，新军建立不久，也没有经历过任何战斗，枪支弹药也都受了限制，仓促起事，还真没有把握。于是，陈其美想到要给这两拨新军各派一支敢死队配合，蒋介石、王金发就是这两支敢死队的队长。

根据约定的计划，新军宪兵营督队官童保暄被推举为临时总司令，蒋介石率敢死队配合凤山门外的新军八十二标在城内起事，攻打巡抚署；王金发的敢死队则配合艮山门外的新军八十一标夺取军械局，然后再合力攻打旗营。城内也已经安插了二百多名革命党人，分散在江干一带，"伺动静以为内应"。

那天木箱子里装的正是从上海运来的三千六百大洋"发难费"和一箱炸弹。在远和旅社里，王金发将大洋和炸弹一一发到了三十二名敢死队员手中，还有一根白布条，约定起事时扎在左臂上。

1911年11月4日清晨，艮山门城门尚未打开，城门外已经等候着一大批挑担进城卖蔬菜的农民。这些农民跟往常一样，坐在各自的扁担上，天南海北地"扯着空天"（谈天说地），或者是啃着带来的番薯权充早点。这样的情景简直跟八百年前的南宋时期一模一样。日出而作, 日落而息, 农耕社会的生活大凡就是如此, 确乎是亘古不变的。有几个农民跟城上的守卒已经厮混熟了, 便仰头朝上面打着招呼:"天光介亮（天都这么亮）了, 还不开城门？"

换了平时, 城上总是骂骂咧咧地回应几句, 然后, 再把吊桥轰隆隆地放下来了。然而, 今天却没有熟悉的笑骂声, 城上有人探头出来, 表情也是紧张兮兮的。

远处有人挥白条, 吊桥就在盘索的咕哒咕哒声中缓缓地降了下来。

农民们正要挑起担子准备进城, 突然从河埠上的街口黑压压地来了一队军士, 这些士兵手持毛瑟枪, 刺刀明晃晃地上了膛, 连德国制的格鲁森小炮也扛了出来。他们的臂膀上都扎着一条醒目的白布条。

"走开！走开！不要挡了道！"几个士兵训练有素地占了吊桥, 把农民们推到一边, 好让队伍跑步通过。

"哎！哎！总有个先来后到！你踩坏了我的青菜！"

"什么青菜不青菜, 命都不要了, 还想着青菜呢！"

艮山门城头上很快布满了扎白布条的兵士, 城楼上刀光一闪, 江帆一般迎风鼓动着的大清蟠龙旗被拦腰砍了旗杆, 呼啦一声, 如同裹尸布一块, 飘落在护城河里。

"不好了！造反了！"乡人农民一片骇呼, 挑着担子四下散去, 有几个连菜担子也不要了, 只管逃命要紧。

新军八十一标的代理标统朱瑞后来做过浙江都督, 在他的指挥下,八十一标的三个营、两个炮兵连和一个骑兵队共一千七百多人分成十二队人马由各自队官带领，迈着德式操练的步伐，沿着艮山门外的走马塘（今机场路）疾速向城门跑去。王金发也带着敢死队前来会合，他们已经把炸弹一串串地挂在了胸前。

清末的艮山门城门跟南宋时期已经大不相同了，城墙的高度倒没有什么变化，仍然是十来米高；门洞和城门却作了改进，"抬梁造"的梯形城门已经改成了弧拱形的半圆城门。据说，这是因为火器普遍使用之后，弧形城门更能抵抗火器的进攻。

两扇城门也都由厚实的原木拼成，足足有六七十厘米厚，平时开城门需两个壮汉合力才能推动。城门上布满了隆起的门钉，以起到缓冲撞击的作用。城门里面横插的一根门闩杠有吊桶般粗，一个人根本无法抱起。艮山门的瓮城像个张开的半圆，占地四十多平方米，瓮城的门与吊桥几乎呈九十度直角，而过了吊桥还要拐一个直角才能进入重城，进了重城，再左转朝南，才能进内城门。哪怕吊桥放下，你纵有敢死的人马进了外城门，只要雉堞上的守兵箭矢火铳一起下来，进入重城的人马也腾挪不开，只好受死。

当然了，艮山门的城门也不是没有被攻下来过。太平军占领杭州城后，清军就从这里夺下过城门。先是当时的杭州知府薛时雨想夺城，密令举人朱汝霖等五人在艮山门里应外合，不料事情败露，五人均被太平军砍头于尧典桥。不久，清军将领张玉良率军进逼杭州城，趁着城外没有太平军的营垒，夜五更鼓时派人由艮山门攀堞而上，天明，太平军见"张"字旗号，以为是清军另一位悍将张国梁到了，遂溃决。艮山门就这样被攻下了。

艮山门的城防，不可谓不固。问题是，再坚固的城防也挡不住人心涣散，里应外合，艮山门轻易就易手了。朱瑞的八十一标官兵，潮水一样涌入艮山门后，迅速占领了通往旗营的武林门、钱塘门、涌金门、官巷口、众安桥等地，包围旗营。八十二标官兵则从望江门、新城门进城后，主攻浙江巡抚署。

接下来的故事就发生在艮山门城内了。几颗炸弹一扔，大炮一轰，清朝政府也已经气数尽了，杭州宣布易帜！

11月6日早晨，盖了都督汤寿潜大印的布告贴满了杭州城。艮山门城外的菜农很快又可以挑着担子进城来卖菜了，而且，这艮山门出入自由，再也不关闭了。

辛亥革命时的杭州有十座城门，历史选择了艮山、凤山两座城门作为突破口，当时谁也无法料定形势将会如何发展，不少人真的是做好了"敢死"准备。几十年后，蒋介石不忘这座具有象征意义的艮山门，特意到艮山门内外转了一圈，他在日记中写道："……乃至艮山门内外巡视一匝……此为余平生所渴望一游，而今始偿其愿也。"毕竟是血与火的战场，成败在此一役，所以蒋介石才会对艮山门留下如此深刻的印象。

杭州光复两年之后的1913年，艮山门因修筑沪杭铁路而被拆除了，它是杭州十城门中最后被拆除的一座城门。从此，艮山门成为环城北路与艮山西路交会处一带的区片名称，而艮山路也成为杭州东大门的必经之路。

7

帝制废除、城门拆除、马路修起来了,但是好景不长,"日本佬又来造反"。在老杭州人的口里,把日本入侵说成"日本佬造反"。造反嘛,以下反上,好歹也在口头上讨了些便宜。中国人历来是有"天朝上国"思想的,这种优越感也在1937年8月14日艮山门上空的空战中被证明了一把。

1937年,贴着红膏药的日本飞机经常光顾杭州上空了,艮山门因为有火车站和发电厂,也就成了他们轰炸的重点目标。那时候,崇福寺原新军八十一标营盘里设有一个防空学校,也有几门高射炮,作为防空之用。日本的飞机嗡嗡嗡地掠过艮山门城楼,防空学校的警报就响起来,一方面是艮山门的老百姓忙着"跑警报"去防空洞;另一方面,几门高射炮也嗖嗖嗖穿梭似的向着天上射。日本人的飞机怕被高射炮打落,再加上也没有什么预定的明确目标,大多数时候,慌里慌张地胡乱投下几颗炸弹就跑了。这时,老百姓就苦了,民房一片火海,救火的救火,抢救伤员的抢救伤员,然后就是一片骂声:"这短命的日本佬!"

艮山门一带的老百姓憋了一肚子气,希望能教训一下猖狂不可一世的小日本:城外不远的笕桥不是有航空学校、有机场吗?我们的飞机呢?我们的飞机为什么不飞上去打落他几架下来?

1937年8月13日,日军在上海发起进攻,上海驻军奋起抵抗,淞沪会战爆发。

第一品 流光

消息迅速传到河南周家口，强烈地震撼着驻扎在这里的国民党空军第四大队的每个飞行员的心！大队长高志航曾在杭州笕桥航校任教官多年，他所率领的四大队的飞行员也大多是笕桥航校的毕业生。大家纷纷请战，高志航也当机立断，当天就驾机飞南京，向航空委员会主任周至柔请缨。周至柔为高志航他们的热忱爱国之心所感动，命令他立即将四大队南飞杭州笕桥机场，参加淞沪保卫战。高志航受命后，电令四大队务必于14日飞抵杭州，还特别关照要将他的座机"TV-1号"随大队一起飞到杭州。

高志航

高志航于14日中午乘空运机直飞笕桥，甫抵机场，即得到报告：青田上空发现日本轰炸机群，正向杭州方向飞来。霎时间，杭城上空响起一片空袭警报声。

正在高志航焦急之时，四大队的第二十一、第二十二、第二十三，三个中队清一色的美制"霍克-3型"战机次第飞抵笕桥机场。原本，这些从河南飞来的飞机应该停机加油，但高志航果断下令，不要停机，立即升空迎敌！

由飞行员曹士荣驾驶的高志航的座机也到了，未待停机，高志航就冲过去，接下座机，一拉机头，怒吼着直冲云霄，带领机群先于敌军抢占有利高度，并在空中严阵以待。"霍克-3型"飞机是一种主要用于俯冲的强击机，不是战斗机，所以必须抢占高度位置。

这时，从台湾基隆机场飞来的日本木更津航空队的十几架轰炸机也气势汹汹地飞临杭州，在艮山电厂上空正伺机投弹轰炸。日本飞机这一趟没有碰到高射炮，更是耀武扬威，飞得很低。艮山上的周朝阳老人回忆说："低得都快擦着桑树了！"

哪里晓得中国飞机突然从天而降，就在日本飞机的上面开了火。

一架日机落入高志航的视线，他瞄准这个空中强盗一揿机枪按钮，一串仇恨的火龙直射目标，敌机"轰"的一声巨响，顿时变成一团火球，拖着长长的浓烟从高空坠落！事后得知，这架敌机正是日本木更津航空队队长的座机。

"打起来了！打起来了！我们的飞机飞上去教训日本佬了！"消息传到艮山门防空洞里，防空洞里的人再也待不住了，全都跑出来看了，这里面就有周朝阳的外祖父华桂海和外祖母汪湘筠，他们当时激动得泪流满面，欢呼着、雀跃着，数着一架一架被击落的敌机："一架！两架！三架……"

多少的屈辱、多少的仇恨，在这一刻得到尽情的宣泄！

有了自己的军队撑腰，再也不怕穷凶极恶的鬼子了！刚刚还在城外田地里浇粪、劳作的农夫，抄起锄头、铁耙和粪勺，到处奔跑着想去捉掉下来的日本飞行员。民众的抗日情绪可真是高啊！

日本飞机毕竟也是训练有素的，很快开始还击，只见天空上的飞机喷着火，飞过来，打过去。老百姓的一颗心也悬在了半空中。地上的高射炮也开始发声了,有几个"警察兵"(老杭州都这么称呼警察)拿了枪架在桑树枝上也朝天上开枪,反正是枪炮震耳,浓烟滚滚。附近学校里的学生在老师的带领下,挥舞着小旗子列了队,有节奏地冲天高歌:"大刀向鬼子们的头上砍去!"

八一四空战以我军完胜而告终。其中的一名日本飞行员坠机后跳伞,也确实被俘获了,至于是不是被艮山门农民用粪勺俘获的,那就不清楚了,但这一带的老百姓都乐于这么传说。另有两架日机被击伤,其中一架逃至台湾,坠毁于基隆海面。今天的杭州城墙博物馆里,还陈列着一行铭文:"艮山门上我空军痛歼日机。"

⑧

一场空战的胜利毕竟不能挽回大局。

1937年11月5日,日军在杭州湾金山卫公亭登陆,偷袭上海守军的后路,并进逼杭州。浙江省主席兼第三战区副司令长官黄绍竑下令省市各机关团体向金华方向撤退。艮山门、望江门、武林门,到处挤满了撤退的人群。12月23日,黄绍竑撤离前下令炸毁艮山门闸口电厂和钱塘江大桥。炸钱塘江大桥的时候倒没有多少人看到,炸艮山门闸口电厂可是在众目睽睽之下,大家含泪看着这座发电厂化为一堆废墟,电厂被炸后艮山门一带都停了电,黑暗下来的不仅是天光,还有生活。

11月24日上午10时许,日军从武林门侵入市区,杭州沦陷!

在今天的流水东苑北侧，绕着铁路艮山门站的宿舍楼拐进去，你会发现一座保存完好的碉堡。是的，一座碉堡！这是一座侵华日军时期遗留下来的碉堡旧址。

碉堡的入口位于西南方，东南角有一排附属房屋与碉堡相连，为平层的砖木结构，带有地下室，用于存储武器弹药。

当时的艮山门火车站是杭城一北一南两个方向进出杭城的重要关口，日军占领杭州后就在此建起了碉堡等军事设施，用来控制铁路运输，充当日军警戒沪杭铁路的堡垒。运送军需物资的火车就在它面前来回穿行，那些阴森森的枪眼让人不寒而栗。

日军不仅在铁路艮山门站造起了碉堡，还在原艮山门的城门处设置了岗哨，中国人进出城门要凭一张盖有维持会印章的良民证，还要向日本兵鞠躬，低头招呼说："先生好来西（先生好）。"碰到日本兵心情不好，巴掌就扇过来了。有一次，周朝阳的外祖父因为鞠躬鞠得不太情愿，被岗哨里的日本兵当个沙包摔。那个日本兵怕是练柔道的，也许就无缘无故想找个人试试手，将外祖父摔了个半死。外祖父在世时，每说到这里，就会切齿痛恨！抗战胜利后，许是因为这段经历，他就再也不出城了。

虽然城门早已拆除，但有骨气的杭州人自觉地在心里筑起一道城门：那就是不跟日本人合作，决不妥协！整个抗战时期，终年不出城的杭州人也是蛮多的。

好在屈辱的一页终于翻了过去。艮山门终于在1949年5月3日重新回到了人民的手中！

顺便交代一下：作为杭州十城门中最后一座拆除的城门，艮山门在民国时期并未完全拆干净。解放后，1959年拆除了遗存的东城墙、北城墙和西城墙的北段，在城墙的基础上，建起了环城东路、环城北路、环城西路，路面均为碎石铺垫。1963年，改建湖墅南路至环城北路段，环城北路的路面加宽了一点二米，拆除了杭州城门的最后遗迹——艮山门的残留城墙。自此杭州城垣城门，经过一千多年的风云历史，沉淀了数不尽的故事，仅留下一座凤山水门，其他全部消失了。

一座城门和它的记忆，也就讲述到这里了。

一条运河和它的记忆

03 人家原住水云乡

①

从某种角度说,水是城市的灵魂。

杭州这座城市本身就是因水而生的。《说文解字注》:"杭,渡也。"又,"杭,方舟也。"《诗经·卫风·河广》里有一句诗句:"谁谓河广,一苇杭之。"所以,杭州的城市 LOGO 也是一艘船的造型。

历史上的文晖地区也是因一条运河而兴的。据《咸淳临安志·卷之三十五》记载:"城东外沙河、菜市河、泛洋湖水相合,分为两派:一由东北上塘过东仓新桥入大运河,至长安闸,入嘉兴,曰运河;一由西北德胜桥上北城堰,过江涨桥、喻家桥、北新桥以北,入安吉州界,曰下塘河。"而上塘河就是南宋运河,相近诸河道,以此处最长,故亦称长河。《艮山杂志》也记载:"上塘河为宋运河。明改运道于北关外,杭人乃有以上塘为东运河者。……菜市河,源自新门,过坝子桥,泛洋湖合于运河。自德胜坝以下,方为上塘运河,艮山水门内外,及五里塘一带,皆菜市河水也。"

在张士诚拉直运河之前，这条河流并不是自古以来就按照现在这个河道流动的。历史上运河曾经有多个走向，但整个杭州城区的内河却基本上都与运河相连通。在这条河道的东侧同样还流动着一条河，它由艮山门映月桥运河口开始，一路向东北蜿蜒，直伸出临平界外，东折至嘉兴、海宁，于盐官镇入钱塘江，这条河就是上塘河，也是南宋时的城东运河，可以说是运河的故道。

上塘河是杭州历史上的第一条人工河，上塘河的历史几乎与这座城市一样悠远。它的记录是从秦始皇时开始的。当年秦始皇暗查东南有天子之气，很是紧张，就在现在的嘉兴一带挖了一条运河，来破坏这里的王气，"令囚徒十余万人城污其地，表以恶名，改曰囚卷，亦曰由拳"。这也是嘉兴别名"由拳"的来历，而上塘河其实就是秦始皇开挖的这条运河的一段。

后来，秦始皇南巡就是经过上塘河到达钱唐（即钱塘，杭州前身）的，再渡过钱塘江去会稽山祭奠大禹。作为与浙西相连的一条水道，杭州城内纵横丰富的水网就是依赖上塘河延伸出了杭州，直至长安、崇福、石门等地，最后到达镇江。北宋时，苏轼在杭州任职时就曾对它进行了疏浚和治理，各地的船只络绎不绝，它们大多从浙西驶来杭州，给杭州带来了丰富的土特产，也繁荣了当地市集经济。

张士诚拓展的新运河也就是杭州人后来称的东河。东河是杭城的一条重要内河，其北端就在艮山门坝子桥与大运河相接处，因此艮山门与大运河就结下了不解之缘，而文晖地区也正是靠着大运河的福祉才得到了发展与繁荣。

品韵文晖：从宋代说起

在运河与内河的连接处有船闸，在本地方言中称为"坝"，这是一种设计非常巧妙的装置，可以灵活地调节同一条船的高度。这个装置中最主要的部分是那个自上而下的平滑石板斜坡，还有两根又粗又高的立柱，两个简陋的木制卷扬机，以及结实的、带有大铁钩的竹编粗绳。东河的水位比运河高，运河船要进入东河则必须人工翻坝。艮山门又叫坝子门就是因为有这么一道水坝。当把低处的船提升到高处时，需要有好几个人来摇卷扬机，而高处的船则可以借助自身的惯性，以很高的速度滑下来，钩住船尾的竹绳能使它减速，以防船头在高速滑下时失控冲撞或者被下面的水淹没。

曾经，船从运河进东河，或者从东河出运河，必须从坝上翻过去。坝的两头安装着绞盘，绞盘上的大铁钩钩住船头，由专人操作绞盘，船工们

"运河魂"石雕

在船两旁和船尾使劲推进,让船顺利过坝入河。如果是重船过坝,往往无法一次性牵引,只好先把货在坝的这一边卸下,并且逐一搬运过坝,等空船过了坝,再把那些货重新装船,让它继续航行。总之不管是哪一类,都需要一大批强壮劳力来干这些重活儿,这些翻坝和搬运工人都被称为脚夫。古艮山门石碑旁的"运河魂"石雕,就生动地诠释了船只翻坝时的壮观场景。

因为需要挑担过坝,且大批脚夫也需要歇脚休息,所以,就在坝的旁边造了一座桥,称坝子桥。这是一座三孔石砌拱桥,位于杭州东河宝善桥北,东出为坝子桥弄,西出为坝子桥河下。坝子桥后就是东西流向的运河,向西不到一里转北是五里塘河,从这里起,经施家桥、东新关,连接上塘河。中途经过打铁关附近,派生出一条支流,逶迤向东流经尧典桥、

坝子桥

甲鱼桥；再分较大一支流，通向笕桥；另一支流通石陡门桥，以此桥为界，西北流经笕桥地区的河流统称蔡官人塘河。所以，艮山门坝子桥就是运河与内河相连接的一个枢纽。

坝子桥，始建于唐咸通二年（861年）开凿三沙河后，横跨东河，桥额上刻有"东河第一桥"字样。

东河在唐代时为沙河水系，分为外沙、中沙、里沙。宋绍熙进士施宿说："沙河有三，曰外沙、中沙、里沙。中沙即前沙河，里沙即后沙河耳……彼河更在外沙河之外，贴近江流，时因呼之为贴沙河。盖自吴越射潮移沙移岸，后续开，故不在唐时三沙河之列。"宋代改称为菜市河、东运河。东河水出艮山水门向西经会安坝（约今京都苑西北门址），水注泛洋湖（武林门北）；经沙河柳林闸，由无星桥注入五里塘（今朝晖路金都华庭西北一带），至东新关。流经文晖地区的主要是后沙河，坝子桥后运河"即外沙河之下流……初未建会安、俞家两坝时，原有一大坝，当将西转处，横截其流，谓之坝子。自坝以北，别称后沙河，或亦称坝子河"。（见《艮山杂志》）

杭州的老百姓口口相传，说坝子桥是鲁班所造，如果这鲁班就是春秋时期的公输般，那么这桥的历史也太长了，那时候还没有杭州城呢！所以，传说终归只是传说。

桥上建有一座亭子，名凤凰亭，亭为八柱双飞檐，形如丝车。传说有凤凰来巢，垂一方之美荫。有诗曰："班门仙斧试通灵，顺应桥成岁几经。传说当年张果老，骑驴来憩凤凰亭。"诗中所说的顺应桥，是坝子桥

坝子桥上的凤凰亭

的旧名。清代诗人姚思勤在《东河棹歌·泛洋湖》中调侃:"鹭鸶滩上鹭鸶飞,鸭舍桥边放鸭归。侬在凤凰亭畔住,从来不见凤凰飞。"鲁班、张果老、凤凰、仙斧都来自传说,尽管不足以为凭,但提起来总让人津津乐道。

不过,凤凰亭的来历倒是有据可查的:清康熙年间,西溪有个和尚叫成明,他看到出入艮山门的樵夫、挑夫、农民、商贩一干人等都要从坝子桥经过,并且时常以桥作为歇脚之地。盛夏烈日高照,这些人在桥上没有方寸阴凉;雨季时淫雨霏霏,他们也只能硬生生地淋着。出于慈悲之心,成明和尚便四处化缘,最终在桥上建起了一座亭子。亭子建成后,他想给亭子取个名字,想来想去却想不好。这时候,正好有个灵隐寺的大和尚过来,他便请大和尚替亭子取个名。那位大和尚在桥上走了几个来回,拿来纸笔，挥毫泼墨，写下了"香乳亭"三个大字。

香乳亭，这个名字也太过香艳了吧？所谓仁者见仁，智者见智，成明毕竟是个和尚，懂得禅悟那一套，立马向大和尚合十礼赞。于是，这亭子就叫了香乳亭。

后来，清代文人魏礼在一篇关于桥西"香乳庵"（清代杭州人沈学曾所建，今已不存）的文章中作了解释。他说当年苏轼谪居海南儋县时，有幸得到四川金水张氏所画的十八罗汉像，苏轼曾作文说自己供奉了罗汉像后有一些神异之事发生：每次设茶供奉时，茶杯里的水都会变成白色的乳汁。而沈学曾在这里建庵，并免费提供茶水给路人喝，庵名是否就是从此而来呢？苏轼在杭州时，与灵隐寺的和尚多有交往，留下了许多佳话。不知道那位灵隐寺的大和尚应邀题写亭名时，是否也用到了苏轼

坝子桥两岸

供奉罗汉的典故？香乳与甘霖，其实就是一回事。今天的人所谓"赠人玫瑰，手有余香"，恐怕也是同一个道理。艮山门一带民风淳朴，应该也是受了"香乳"的滋养吧！

至于香乳亭后来又怎么改叫了凤凰亭，那是清朝末年的事了。成明和尚造的这座香乳亭在清咸丰八年（1858年）无缘无故地自焚起来，就这么被焚毁了。光绪九年（1883年），里人重修坝子桥时将亭子也重新造了一个。当时这一带住着许多机坊师傅，所以造了一个形如纺车的亭子，全用青石砌筑，倒也风光崭新。有好事者说这个新亭子如凤凰展翅，又编了一段有凤来仪的故事，于是，就取了个凤凰亭的新名字。

东河上有桥十九座，坝子桥位于东河的最北端，被称为"东河第一桥"，飞檐雕梁、稳重大方的桥亭和三孔相边的拱桥倒映在粼粼水波中，远远望去，犹如一弯新月横空，而其名又有"凤凰展翅"，倒是一个很好的吉兆。

我们在前面的两个章节通过一座城门讲述了文晖地区的历史，而现在的两个章节里，我们则要通过一条运河进入人文和生活的场景，去聆听这座城市深处的荡桨声。

②

因与运河为邻，艮山门一带便是运河史上越不过去的概念，是一个藏在历史书籍之中的地理概念。

艮山门一带与运河相通的一条沙河，原系为抵御分流钱塘江潮水而开，这一带在历史上也叫临江乡。临江乡有一个村子叫甘棠村，因村里有一棵百年老棠树而得名。《杭州府志》记载：甘棠村里有一座翟仆射墓，"坟坛历然隆起许，周约二亩。余存古松六七株，松下卧片石，有刻文曰：'翟仆射祭台'，旁有小字二行，漶漫不辨，故老但云宋人，莫知名字"。

这位"翟仆射"究竟是宋朝的什么人物已经不可考证，但翟家是世居临江乡的大族似乎可以确定。清代乾隆年间，这里出了一位叫翟灏的学者，写了一本叫《艮山杂志》的书。后人要研究艮山门一带的历史，就必须要提到这本书，而翟灏为写这本书，确实也付出了生命的代价。

翟灏，字大川，改字晴江，号巢翟子。乾隆十九年（1754年）进士，曾官金华、衢州府学教授。翟灏是著名的学者，和厉鹗、杭世骏等人相知相和，在当时江南一带很有影响。

其实，甘棠村这个名字是翟灏取的，这里原先叫杨家桥村。翟灏曾经对此作过一番考证，他几经辛苦，终于在杨家桥东找到一块"明崇祯三年重建扬嘉桥"的刻石，洗净后一看，捐资造桥人中"其中翟氏居十人，逮我高祖首镌镂，料昔我族鸠工时，聚族不离桥左右"。原来，杨家桥原名扬嘉桥，因为"扬嘉"与"杨家"同音，遂讹为杨家桥。他对乡土历史的考据兴趣，由此可见一斑。有趣的是，翟灏在编地方志时却把这个地名给改了，他在《无不宜斋未定稿·甘棠村杂咏并序》中记载："予居临江乡……近里有百年老棠树，遂以名村。后之按志者知临江乡有甘棠村,自予始。"可惜的是,无论是"扬嘉桥"还是"甘棠村"这两个地名现在都销声匿迹了,幸亏还有一部残缺的《艮山杂志》留存于世。

翟氏世居杭州艮山之临江乡,在杨家桥畔有三间草堂,取名为"无不宜斋""凡读书会友、理家事、课子孙,无不于是"。草堂旁种有梅树、细竹,还有一个小小的方池,池中有石笋数支。屋东侧有书楼三楹,匾额题为"书巢",除经史外,山经地志、野史小说、佛经道术,靡不收藏,这是他的财富,他引以为傲,为此还不无得意地写了一篇《书巢记》,记其储书经过。

翟灏不仅工诗,且长于考据,特别是对乡邦文献的收集、钩沉、补缺和辨析,可谓功莫大焉。他所著的《艮山杂志》是杭州地方文献中极有价值的一部,据曹斯栋在《稗贩》中说,《艮山杂志》也叫《艮维杂志》,原书应有志地、志人、志事、志文各两卷,共八卷。为了写作此书,翟灏可谓是耗尽了晚年的心血,书稿甫成,未及梓行,就因辛劳过度而病逝,其书亦流亡无所。

此书局部后来被杭城著名学者、大藏书家丁丙觅得,说来也有曲折的故事:

清末咸同年间,丁丙一方面在整理因太平天国战事而失落于民间的《四库全书》,一方面在编纂《武林掌故丛编》和《武林坊巷志》。艮山是武林的一部分,少了城东这一块,杭州的史地书籍还怎么编得下去?而摆在丁丙面前的事实,正如他后来在《艮山杂志》跋中所说的:

"艮山地幽境旷，桑麻机杼，风俗朴淳，罕涉文艺。志载既稀，见闻弥寡。"一句话，艮山地区的史地资料少得可怜，也没有人从事过这方面的工作。翟灏的《艮山杂志》他倒是见过的，幼年时曾在弼教坊沈雨溥开的旧书铺里见过全套八卷的《艮山杂志》手抄本，但是字迹很潦草，装帧也粗糙，所以就没有入他的法眼。等他想要去找时，却被告知已在"乱中失去"。丁丙当时真是肠子都悔青了！没办法，只好再度寻找。他"网罗文献，访之东乡，觅之故家"，却都"不能复得"。正在绝望之际，却"见上海郁氏书目有之，知归陆氏存斋"。丁丙不禁大喜过望，凭着他个人的声誉，向人家"借阅"。上海陆氏倒也"慨然寄赠"，可惜只有《志地》两卷。丁丙不死心，继续到处寻找，然而却"终杳然也"。丁丙于是将这《志地》两卷收入其《武林掌故丛编》，才使得这残存的二卷书得以传世。尽管这本《艮山杂志》现在仅存四分之一的内容，但其文史价值至今仍无可替代，因为艮山门外"志载既稀，见闻弥寡"，从无系统记叙该地区历史的书籍。

说罢《艮山杂志》，回过头来再说说翟灏和艮山上一帮文人的故事。

旧时杭州以城西为尚，西湖也在城的西面，城东属于"下只角"，当时有个说法叫"西城金子，东城力子"，意思是城西住的都是有钱人，而城东住的都是出卖体力的贫贱劳动者。当时的城东住的大凡是三类人：第一类是住不起中心城区的底层老百姓，第二类是从佃民改变为菜农的农民以及从外地逃荒而来的灾民，这两类人除了种田外，就是做小贩、脚夫、轿夫，更多的则做了丝绸机坊作业的机主。第三类就是平民知识分子，他们虽说有文化，但却没有恒产，在科举无望的情况下，靠教书、卖画、做幕客、测字算命等过日子，收入无保证，大多数赁屋居住。

翟氏是仁和望族，世居城东，翟灏本人也中过进士，做过官，他们家的情况应该是比较好的。而翟灏是个把功名利禄看得很淡的人，城东远离闹市，倒是读书的清静地。乾隆年间，翟灏和吴颖芳、汪沆等一批文人，就在艮山门一带结了一个"东皋诗社"，诗书唱和，编写出大量诗稿，在当时造成很大影响。别说邻近的厉鹗、杭世骏、金志章等人被吸引过来，连外地的著名文人毛际可等也都慕名赶来参加诗会，艮山门外也因此被称为"诗国"。

明清时期，江南文人以结社为时尚，那时不仅士子在立社，连居家的女眷们也在结社，像袁枚的西湖女弟子诗会、西溪的蕉园诗社，也都名噪一时。结社成了士人日常生活的重要一部分，社员们定期或不定期地聚会，以诗文的形式互相交流，充分展示自己的才情与风雅，也为地域文化留下了一笔丰厚的遗产。东皋诗社是属于艮山门外的一个文学团体，由十位志同道合的社员组成，他们经常活动的地点有翟颢的"书巢"、汪沆的"小眠斋"，还有兰陵书屋、江声草堂等。

他们所写的诗文也大多与城东有关，像《甘棠村集咏》《东郊地偏乡俗异于他所隶其俗事得二十首》《东郊土物诗》等，都是珍贵的城东文化遗产。

翟灏的《聚饮兰陵书屋》，生动地记录了他们当时结社活动的情况：

> 倾杯岂必定醇酦，开筵何用尽珍美。
> 吾家市远急难谋，此日热奇渴欲死。
> 石桥东边悬稻穰，生酒新刍白如水。
> 懦性颇与炎蒸宜，入口琼浆寒沁齿。
> 旧年儿子养花鸡，昨日邻家杀肥豕。
> 水庄偶问得鱼虾，园父相谋摘瓜李。
> 主宾一笑坐团圞，誓醉如泥呼不起。
> 解衣脱帽未猜嫌，战拇藏钩各随喜。
> 池中碧筒可代盏，树上清蝉还韵耳。
> 几簟虽污君莫笑，瓶罍不罄吾何耻。
> 七贤八达莫依稀，图醉尧民毋乃是。

蒲团坐垫脏一点儿也不管了，一屁股坐下去，用池塘里的荷叶当酒盏开怀畅饮，一边划拳猜令，衣冠也无须端正了，即便打个赤膊也不怕人家笑话……他们喜爱的是"流水小桥诗世界，青桑绿竹隐生涯"的生活。

在翟灏等人的带动下，城东一带文风颇盛。说来也怪，有清一代，杭州著名的文人还都出在以艮山门为中心的城东一带，像厉鹗、袁枚、杭世骏、金农、翟灏、汪沆、吴颖芳、朱文藻、金志章、朱点等，当时有句民谚，叫作："东城有个宝，平民崛起真不少。"

第一品 流光

③

像翟灏等一班名人的故事当然为艮山门增色不少,但是,正如我们前面说的,旧时艮山门一带居住的总还是以落魄文人为主,他们的生活场景也不应该湮灭在历史的尘埃中。运河水呜咽不息,也在讲述着他们的辛酸故事:

清朝康熙年间,艮山门外住着一个仁和县的穷书生,名叫吕兰,字谷芳。吕兰从小丧父失怙,与母亲蔡氏相依为命,事母至孝,因为家贫,年已二十六岁尚未婚娶,常常终日不得食而歌声闻于户外。不过吕兰生性好学,喜作诗词,虽然家徒四壁,不蔽风雨,但他啸咏自若,刻苦为文。他写的诗歌多为人所称道。但这样一位有志青年毕竟禁不住残酷的生活折磨,最终呕血而死。

吕兰因为家贫不敢与人交往,唯与同邑毛人庆友善。这个毛人庆也跟吕兰一样幼失怙恃,靠着祖父抚养成人。毛家跟吕家一样贫穷,毛人庆也跟吕兰一样好学,常常彻夜读书,大暑天蚊虫叮咬不已,他在桌子下放一盆水,将脚浸在水里,继续苦读不辍。

吕兰死后,毛人庆也病笃。有一天,毛人庆的嘴巴里突然发出了吕兰的声音,说:"我,谷芳也。予生不能养,今虽死,魂魄犹依母侧。予母不食已二日矣,从公乞升斗,以给吾母。"原来,吕兰的母亲已经断食两天了,他的魂灵来向毛人庆求助。当然,他也知道毛人庆跟他一样贫穷,过了一会儿,又说:"你也这么贫穷,怎么能帮我呢?但看在我母亲就相当于是你母亲的分儿上，请你遍告同族亲友，如果蒙他们解囊相助，也就是你的恩赐了。"

毛人庆勉强撑着病体到族人那儿借了二百文钱给吕母送去。很快，吕兰又来托梦相谢，并且说："我母亲得了你的钱正在设馔烧饭，我同你一起去吃吧。"第二天天明，毛人庆去吕家探询，果然应验了。当时的人听到这一对难兄难弟的故事，都为之流涕哭泣。

这时，吕兰又在梦里来找毛人庆，约他明年春日一起去登艮山，赋桃花诗，还问他讨要读书的灯檠。毛人庆自知寿命不长，便泣告祖父说："儿不得终事大人矣！"

康熙癸亥春正月二十二日，毛人庆殁。殁时画师画其像，毛人庆遗言要将他画成儒生冠服，手里握书的样子，画师就如其言作了一幅遗像。当时的人感叹，吕兰与毛人庆，"才同、贫同、病同、少孤同、夭死无后又同"，说他们两个真是所谓的"死友"。

这一对"艮山死友"的事迹被记载在《康熙仁和志》《康熙府志》《乾隆府志》中，丁丙编纂《武林坊巷志》也收录了这个伤心故事。

跟任何地方的风景一样，艮山门的风景也永远不是同一张面孔。初冬的清晨，天呈青蓝色，几点寒星守着月亮淡黄的一抹还不肯隐没。运河水流淌着，两岸的运河人家陆续发出各种市井的声响，水道与陆道汇集起越来越多芒鞋布衣的人流。晨曦慢慢地扩张着绯红的势力，终于，城门内外一片喧腾。

毕竟，换了人间。

4

1899年，英国传教士、著名旅行家毕肖普夫人从上海坐船经艮山水门来到杭州。在到达艮山水门时，她不由得惊呼："进入杭州的那条运河美极了！"

毕肖普夫人是一位敏锐的观察者，同时也是一位笔调细腻的散文家，在她的《扬子江流域及其周边地区》一书中，她生动地描绘了这次运河之行的所见所闻：

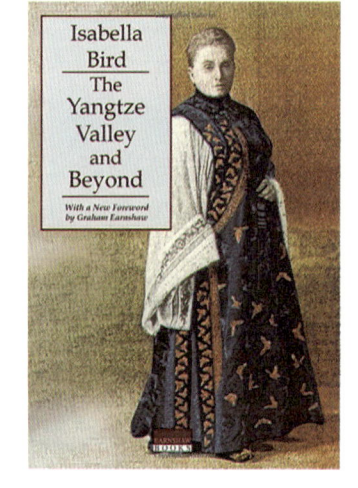

毕肖普夫人《扬子江流域及其周边地区》的封面

> 从早到晚，在我前面那条两层敞篷船上的一举一动都可以看得清清楚楚。那条船上住着一家三代总共九口人。一切都听从祖母的吩咐。他们一早就起床，点火焚香，对着一尊镀金的菩萨磕头，在它前面供上一碗米饭。然后才开始煮饭和吃早饭，他们做饭的气味整天都传到我的船上来。那家的男人坐在船头上做鞋，祖母无所事事地安坐在底层发号施令。她的儿媳是一位脸庞清秀、健康壮实，但裹着小脚的女子，她整天不停地劳作和抽烟，并且在烧饭和洗衣的同时，还能给船掌舵。有时用手臂夹住沉重的舵柄，有时则用下巴或膝盖顶住它。四个年幼的小孩儿安静地在一个又高又宽的搁板上玩耍，吃饭时就把他们从搁板上抱下来。一位十三岁的小姑娘偶尔也能帮她的母亲做点儿事情。他们整天做

饭、洗衣、缝补、吃饭，观察我的举动，但远没有像我观察他们那样有兴趣。到了晚上，他们又重新磕头和烧香。当鸦片烟枪被点着之后，那位男人就进入了极乐的世界，然后他们就盖上裹有棉胎的被子，一觉睡到天亮。

....

时值初春，乡间的景色相当迷人，就像英国的沼泽地带那样，那儿是一马平川，房屋、村庄、桑园、寺庙、树林、高大的乡间民宅、神龛和牌坊等，如走马灯一般在我们眼前经过。岸上的每棵树上都缠绕着紫藤属植物，一簇簇丁香花从树上挂下来，几乎触到水面。田里的大豆正在开花，草木青翠欲滴。我们这支形状奇特，又歪歪扭扭的船队不时地经过一些城镇的水巷，那儿有飞檐画栋、亭台楼阁、陡峭石阶和一排排上面站满全副武装兵勇的水师平底舰船。这一切显得变化莫测，我们犹如行走在画中一般。有好几次，我们都因为难以通过这些拥挤的水巷而被耽搁一两个小时。

我后来从亲身经历中得知，中国是一个有着神奇桥梁的国度，但在当时，我看到经过的几乎每座城镇，都有一个十五至三十英尺高、用花岗岩砌成、从两边都需要走三十九级台阶才能到达桥顶的拱桥时，甚感吃惊。还有那些平坦的石桥，每个桥墩都是十三英尺高的单块巨石，而桥面则是长达三十英尺的巨型石条砌成的。

....

我的船静静地溯流而上，直至来到一个船闸跟前，从那儿我的船被提升到一条更加宽阔、直通杭州的水道。杭州城的三面都被运河环绕,并且还跟四通八达的其他可航运河连接。那儿也随处可见如画般美丽的石拱桥,可以沿着这些运河轻松抵达城内的大部分地区。

我在上面提及的船闸在当地方言中被称作"坝",这是一种设计非常巧妙的装置,可以灵活调节同一条船的高度……这个装置中最主要的部分是那个自上而下的平滑石板斜坡,还有两根又粗又高的立柱,两个简陋的木制的卷扬机,以及结实的、带有大铁钩的竹编绳索。当把低处的船提升到高处时,需要有好几个人来摇卷扬机,而高处的船则可以借助自身的惯性,以很高的速度滑下来,钩住船尾的竹绳能使它减速,以防船头在失控的情况下被下面的水所淹没。此时旁边的行人若毫无防备,脚就会被突然涌来的一股带泡沫的河水打湿。每次过船闸,船主都需要缴纳几个铜板,作为报酬。

我觉得进入杭州的那条运河美极了,尽管在那些大型民宅高耸的白墙下、长满青草的斜坡上面,有不少令人不快的猪跑来跑去地寻找食物。那些船篷上有蓝白相间条纹,以及水手装备精良的,是水师或河警的兵船。还有那些高耸的拱桥,色调和谐而悦目……

这是1899年的运河。我们有理由相信,毕肖普夫人在文中描绘的就是艮山水门、会安坝一带的情景,也多亏了她的这本书,让我们看到了从前的光阴,以及光阴背后的故事。

04 坝子门外丝篮儿

①

清波门外柴担儿，涌金门外划船儿，
钱塘门外香袋儿，武林门外鱼担儿，
坝子门外丝篮儿，庆春门外粪担儿，
清泰门外盐担儿，望江门外菜担儿，
候潮门外酒坛儿，凤山门外跑马儿。

这首著名的民谣说的是我们杭州从前的十座城门。杭州的城门早已随着现代化的脚步陆续消失了，可是直到今天，说起那十座城门，杭州人依然朗朗上口。城门以及城门的故事，将长久地留在杭州人的心里。

杭州素有"丝绸之府"的美誉，自古就有"日出万绸，衣被天下"的说法。养蚕缫丝的历史可以追溯到四千七百年前的良渚时期，那时杭州的先民已经开始植桑、饲蚕、织帛和制造简单的缫丝工具了。据唐代文献《唐六典》和《元和郡县志》记载，杭州在盛唐开元年间就已经向朝

第一品 流光

廷上贡白编绫、绯绫和纹纱等丝织产品,按照唐朝的惯例,每个州都有把本地最好的土物产上贡朝廷的义务,称为土贡,可见当时杭州的丝织产品已是首屈一指。白居易守杭时曾写过《杭州春望》诗,把柿蒂绫与杭州的名酒梨花春相提并论:"红袖织绫夸柿蒂,青旗沽酒趁梨花。"白氏自注云:"杭州出,柿蒂花者尤佳。"有人把白氏的自注误断为:"杭州出柿,蒂花者尤佳。"其实,白氏的原意是说杭州的丝织物以柿蒂花图案的绫为最佳。

到了南宋定都后,丝绸界更有"杭州所出,为天下冠"的说法。宋元之间的战争,似乎也未对杭州的丝绸业造成重大的损失,意大利旅行家马可·波罗在元初游览杭州时记载说:"杭州生产大量的丝绸,加上商人从外省运来的绸缎,所以当地居民中大多数的人,总是满身绫绢,遍体锦绣。"明清两朝,杭州的丝绸业发展更上规模,织机数量多达上万张,为此,朝廷要专门设立织造局来负责管理。沈廷瑞在《东畲杂记》中称"杭之机杼甲天下",这句话恰当地道出了当时的盛况。其时,官营织机集中在红门局(织造局所在地)周围,而大量的民间织机则主要分布在城东艮山门一带,史料记载:"杭东城,机杼之声,比户相闻,漏夜不

杭州西湖的马可·波罗雕像

绝"，所以有"坝子门外丝篮儿"的说法。

杭州的丝绸生产重地集中在艮山门外、东街路（今建国北路）和天水桥一带。其中艮山门外新塘、闸弄口、机神村一带更是杭州独一无二的丝绸发祥地，名副其实的种桑养蚕基地，丝绸织造业的生产基地和丝绸产品的交易基地。

辛亥革命前后，由于一批从国外学成归国青年的加入，同时又值第一次世界大战之际，英、法、德、意等国放松了对华控制，杭州的近代丝绸工业因此得到了较大发展，这一发展势头持续到1937年，这是杭州近代丝绸史上的黄金时期。杭州的工业其实也是以丝织业为雏发展起来的。

按照吾友曹晓波的说法，坝子门外丝篮儿，说的是挽着竹篮去河港里漂洗炼丝的女人，也是说挎着篮儿卖土丝的蚕农。不过，蚕农的竹篮儿可不是挽在胳膊上的，而是用扁担挑的，那竹篮儿的直径有两尺多，其实就是一只大竹筐。

那时候的东街（今建国北路），相对于武林门的西大街并不算窄，但有意思的是，却没有相应地称为"东大街"而一直叫"东街上"。从东街上一直到艮山门有许多丝行绸庄。丝行每年正月十六开张，四月的小满一过，才是丝行真正的黄金日子，店堂里供着的赵公元帅被蜡烛照得满面通红，手托元宝寓意着老板日进斗金。那些日子，从艮山门进城到东街上投售土丝的蚕农摩肩接踵，从笕桥、乔司旱路过来还算近的，更有从南浔、湖州坐船经艮山水门来的。老主顾带着新户头，某某丝行的实力和口

第一品 流光

碑被蚕农们看得一清二楚。从一扇城门开始,一条街地铺过去,到处都是蚕丝的味道。蚕农们上午看货作价交割结账,吃八菜一壶黄酒的招待午餐,下午出城返回。一时走不掉,吃住就在艮山上,丝行也会提供一宿两餐。想要多住几天的蚕农,吃住就在船上了。那几天,要是无风,上了艮山门城墙北望,炊烟起处,都是一片桑树的青翠欲滴。

东街上最风光的要数银号送款的伙计,挑两个装了银圆的细篾竹篓,风风火火地一路走来,口里喊着:"看撞,看撞。"行人照例是替他们让路的。竹篓的外面招摇地贴着两张封条:某某银号,大洋壹仟,送某某丝行。这一天,要是某某丝行的借款在东街上反复出现,这丝行的老板伙计,上上下下,脸上也像涂足了油彩,是忙,也是兴奋。蚕农们看到这样的情景,自然也愿意将自己的生丝送到这个丝行来。而那些资金少、贷不到银圆的丝行,只能高挂"告满"的牌子,一边眼红去了。

东街上的生丝收购价一高,德清、海宁的蚕农也摇着船赶过来了。这一赶,就赶到了七月。也就间隔了几天,艮山门外的夏蚕又开始上市了。东街的丝行,从骆驼桥到宝善桥,每年要忙到秋风起时。

这边是蚕农、丝行在卖丝、收丝,那边是机坊师傅也来街上打听行情,看看生丝的质量成色。三里亭、尧典桥曾经就是个丝绸重镇,镇上大部分人家都从事手工生丝机坊,生产杭绸、杭纺。最初是土机织造,后来用上了电,引进了洋机,法国造的、意大利造的、日本造的,各式都有。大街小巷"唧唧复唧唧"的土机声,几乎全被嚓啦啦啦的洋机声替代。当时的儿歌就这么唱:"唱唱唱,洋机响,洋机开了五百张,角子铜板不算账,大洋钞票来进账。"织出来的丝绸产品主要靠船运,这里水路四通八达,就逐渐成为杭州丝绸交易的主要集散地,镇上出产的丝绸大多销往东三省。

当时艮山门内的最大丝绸织坊有三家:庆成、纬成和虎林。纬成以十台日本式提花机起家,试织纬成缎成功,到1920年发展到织机三百台,1926年再添电力织机十三台,生产高品位的"蚕猫牌"生丝,享誉海内外。

此后,杭州绸厂日益增多,资金雄厚的绸庄如袁震和、悦昌文记、蒋广昌等也都改变经营策略,投资办厂,连扇子业的新昌泰、裕兴文、裕盛水也都改行从事丝绸织造。到了1926年,杭州已有绸厂百余家,其中大部分集中在艮山门一带。

艮山门外话桑麻。那可真是一段好辰光啊!

②

旧时各行各业都有行业祖师,尊为行业之神。织机之神就叫"机神",从前的丝织机匠都崇拜机神。

机神,一说是黄帝,《易经》里就说:"黄帝尧舜,垂衣裳而天下治。"而《淮南子》却说:"伯余之初作衣也,緂麻索缕,手经指挂,其成犹网罗。后世为之机杼胜复,以便其用,而民得以掩形御寒。"有人以为伯余就是黄帝,但其实,伯余是黄帝的臣子。清代城东文人厉鹗在《东城杂记》

中作了一个调和的解释：事情归大臣做，功劳归黄帝。不过他还是认为："然则机有神，非伯余莫属。"

古代杭州人搞不清上述那些"神"的分工，所以他们选择祭祀的机神是一个实实在在的凡人——唐朝宰相、大书法家褚遂良的九世孙褚载。

褚姓是杭州的大姓。尽管在今天的全国姓氏人口排名中，它已经跌出二百名外，但在宋版的《百家姓》中，褚姓却排第十一。因为宋版的《百家姓》是杭州人编的，所以"赵"之后就是"钱"，同样，作为杭州望族的"褚"姓自然也排名靠前了。

褚姓是由褚师氏转变而来，褚师氏是以官职名称作为姓氏的。据《通志·氏族略·以官为氏》载，春秋时，宋国、郑国、卫国等诸侯国都曾设置褚师官，是掌管市场的，也叫"市令"。宋国国君宋共公的儿子子段就曾经做过褚师，子段的后代子孙以"褚师"称号为荣，就用这个官职名称作为自己的姓氏，后又改成褚氏。

褚氏与同为杭州中古望族的全氏、范氏、杜氏不同，并非杭州土著，像褚遂良的祖籍就在河南阳翟（今河南禹州），但褚氏从东汉移居杭州，即便有人外出做官，他们的族人和家业仍在杭州，杭州早已成了他们的故乡。

褚遂良在杭州的故宅位于城东的褚家堂，在今新华路与凤起路交界处的助圣庙巷附近。明代田汝成的《西湖游览志》记载："忠清里，本名升平巷，北为褚家堂……以遂良故里得名。"但褚家在武则天时遭遇迫害，被举家贬谪到越南清化。平反后，褚氏陆续回迁，却只能回到祖籍河南。

褚遂良的九世孙褚载饱读诗书，颇具文才，终于在晚唐乾宁五年（898年）进士及第。但根据唐朝的制度，进士考试一般都在正月、二月放榜，四月将新科进士名单送吏部，由吏部再进行考试以决定授官。所以在唐朝，参加礼部的考试考上进士只是取得了做官资格；要想真正做官，还得再参加吏部的考试。褚载显然是没有通过吏部考试的，所以他只有进士的名头而没能实授官职。

大约在公元900年，褚载浪迹到了广陵（今扬州）。当时的广陵与杭州、广州并列为三大通商口岸之一，而广陵的丝织技术堪称全国第一，著名的产品有纻、绫等，其中方纹绫和水波绫尤为精品。褚载到广陵后，被当地精美的丝织品和纷繁巧妙的丝织技术深深地吸引了，暂时忘却求仕的种种不顺，一门心思钻研起机杼之法。

公元904年，褚载似乎受了先祖的感召，将家从河南迁到杭州，并且将广陵先进的丝织技术也带到了杭州，将"机杼之巧，归传里人"。当时杭州的丝绸业其实已经非常发达，杭产的吴绫、白编绫、纹纱等都被列为贡品，褚载带来的广陵丝织技术可谓是锦上添花，它促进了杭州丝织业的进一步发展，奠定了杭州"丝绸之府"的坚实地位。

褚载的功绩为后世杭州丝织界所推崇。到了宋朝，杭州丝绸业的人已将褚载奉为行业祖师。因为旧时杭州的机坊大多集中在城东一带，最早的机神庙其实就建在艮山门，那是在宋至道元年（995年），百姓自发为褚氏建庙祭祀。到了明永乐年间，开始在褚氏故居的褚家塘（又改为忠清巷）建立"通圣土地庙"。清道光年间，杭州丝业又集资在昔日的褚家祠堂上修建了"观成堂"，俗称机神庙。光绪二十二年（1896年）刻立的《杭州重建观成堂记》碑文中记载："昔褚河南之孙名载者，归自广陵，得机杼之法，而绸业以张。"在杭州人的心目中，褚载就是"织机之神"，自此他从一位落魄文士一跃成为神话般的传奇人物，与丝织业的始祖黄帝、嫘祖（蚕丝之神），以及黄帝时发明机杼制作衣裳的伯余（服装之神）一起，被供奉在杭州东园巷、闸弄口、红门局等多处机神庙内，世代受人敬仰。

艮山门外的机坊主嫌进城不便，就在闸弄口附近另建机神庙，为示区别，闸弄口的机神庙称下机神庙，东园巷的机神庙称中机神庙，忠清巷的机神庙称上机神庙。

杭州的几处机神庙与单纯祭祀鬼神的寺庙有所不同，它具有今天纪念馆的性质，而且还是机坊业主、机匠师傅、丝绸商人交流经验、磋商技艺和洽谈生意的聚会场所，有点儿类似今天的会所。

当然了，祭祀也是很重要的活动。机主们把自己的丝织技术、生意买卖、机坊兴隆以及生活保障都寄托在机神身上，所以，祭祀当然是按时并虔敬的。每逢春、秋二季，他们就用三牲五畜来供奉，三跪九叩，仪式十分隆重。机坊招工、机匠收徒弟，一般也会在这个时候一并进行。当然了，机工们也会以机神庙为据点，建立行会，推选行首，以保证他们作为劳工的权益。

按照我祖父陈金山的说法，从前艮山门内有几张织机的小机主们家里也会供奉机神菩萨，就是土地菩萨的模样，只不过穿戴着帝王的冠冕袍服。至于为什么土地菩萨可以穿帝王的冠冕袍服，据说是赵构的圣旨。当年还是康王的赵构逃到杭州，自信得神庇护，所以发愿将杭州所有的土地神都封为王。不过，机神既然是管世人穿衣的，他老人家自己穿得好一点应该也是理所应当的。

艮山门外从事丝绸纺织的机坊，一家连着一家，大街小巷，乃至里弄，招牌高悬，人声、机声鼎沸。到了清光绪年间，这里领有牙贴（即营业执照）的丝绸厂家就有六七家，家族作坊更是比比皆是。据粗略统计，杭州民营丝绸织机有两万多张，占江南地区民营织机总数的四分之一以上，是杭州官营织机的三十倍以上。另外，这一带从事丝绸业的丝行、丝号和丝绸商人也十分活跃，他们成天在艮山门内外忙进忙出，形成了一条龙式的丝绸产、供、销生产、交易的链条。仅以1909年至1919年这十年为例，这里就先后向上海运去蚕丝四千多担。

这样的盛况让南巡的皇帝都为之动容，康熙、乾隆都曾写诗赞扬杭州艮山门外处处机杼相闻的景象。

康熙的诗是：

遍野农桑绕翠旌，畦边童叟带云耕。
江山尽是升平日，寸晷难忘始终情。

乾隆的诗是：

> 咿轧村齐响纬车，松明火烧斗河斜。
> 辛勤吴女无闲暇，那采寻常陌上花。

皇帝的御制诗当然是一片太平雍容景象，但是繁荣的背后其实也掩盖着大批缫丝、织绸工人的辛酸。过去的丝绸工人收入微薄，地位低下，被人们称为"机坊鬼儿"，他们工作劳累，生活艰辛，一年到头都没有休息。煮茧、抽丝、缫丝工人，几乎都是女工，她们必须眼明手快地从滚沸的开水中捞茧抽丝，稍有不慎即被开水烫伤。

清朝中晚期，机工们也经常采用散伙、停工、聚众评理和阻运货物等方式，向机坊主开展斗争，要求增加工资，改善生活待遇，保障职业。而

[清]《康熙御制耕织图》

机坊主则串通地方政府予以弹压。在东园巷的机神庙里,还竖着清朝政府镇压机坊工匠的禁令碑。在这样的情况下,他们也只好在机神面前去寻求精神寄托了。

艮山门外的下机神庙比较特殊的是,它中间供奉的那尊菩萨的脸是白色的,胡子向上翘得很高,长有三只眼睛,这恰与清朝姚东升《释神》所述的"近见机神,白面三目"相吻合。据说,当地的官员赴任之始,必先到庙里焚香祭拜,行三跪九叩大礼。清朝梁章钜的《浪迹续谈》里也有这方面的事迹,可见机神地位的崇高。

③

不过,让艮山门一带的丝织业人真正引以为傲的当数都锦生丝织厂。都锦生在茅家埠创办了丝织厂,但后来他却把厂设在了艮山门。

20 世纪 50 年代的都锦生丝织厂

第一品 流光

都锦生的名字就是一个传奇,他在杭州丝织业人的心目中就是一个现代版的机神,他的一生似乎就是为锦而生的。

他的姓也很少见,是满人的姓。杭州当年有很多满人,今天的延安路、湖滨一带设有旗营,由八旗军驻防。都锦生的家在茅家埠,据他父亲说是为了归隐山林才将家安在这里的,能有归隐一说,想来他们家祖上多少应该显赫过。

都锦生

都锦生生于1897年,病逝于1943年。在他四十六岁的生命中至少有二十八年是与"锦"相伴的。

他生活的那个年代,杭州的丝绸纺织业方兴未艾,城东艮山门、东街上一带有很多机坊织户。1915年,他开始就读于浙江甲等工业学校机织科。这所学校是杭州绸业会馆出资一万五千元委托办学的。据说,上学之前,都锦生就是读着白居易的诗句"天上取样人间织",抱着要把西湖风景织到锦上的梦想去的。后来,他因成绩优异被留校任用。1918年,留校任教的都锦生用传统的织锦技术试制出了我国第一幅丝织风景工艺品——《九溪十八涧》(12.7厘米×17.8厘米)。

在此之前,经过半年的埋头探索,他先是绘制了一幅意匠图,而后在学校织工场的轧花机上轧制花版,最后亲自在织工场的手拉机上,一梭一梭地织了出来。

1922年5月,在夫人宋剑虹的协助下,都锦生购置了一台手拉机,

都锦生所织中国第一张丝织风景织锦——《九溪十八涧》（图片来自杭州都锦生实业有限公司）

雇了一名工人，在茅家埠自己家中办起了"都锦生丝织厂"。他在墙上高悬丝绸风景样品，引来游人竞相购买。不到三年时间，家庭作坊已经发展成拥有一百多名员工的正式工厂，而他们生产的产品就叫"都锦生丝绸"。

更让都锦生声名大噪的是：1926年在美国费城举办的国际博览会上，他的丝织图《宫妃夜宴图》获金质奖章，被称为"东方艺术之花"！

这一年，他准备进一步拓展他的事业，就在艮山门外购地十多亩，建造新厂房，扩大生产。之所以选择在艮山门外，拿他自己的话说：

第一品 流光

"艮山门外丝篮儿,我这朵东方艺术之花,就是从这只丝篮儿里开出来的。"——这里有一种丝绸情结,似乎可以从褚载那儿一脉相承。

此时的都锦生丝织厂已经拥有手拉机近百台,轧花台五台,意匠八人,职工一百三四十人。他的人生开始与"实业救国"联系在一起。以后的十年里,他又开设了两个新的工厂,并在全国各地开设了营业所,采取自产自销、产销并重的经营方式,进一步开拓市场。到1931年,他的营业所已经遍及上海、南京、汉口、北平、广州、香港等大城市,极盛时营业所达十三处,都锦生丝织厂的产品还远销至东南亚和欧美等地,蜚声海内外。当时,艮山门一带的旅馆都住满了来都锦生丝织厂要货的各地商贩。

为了提高产品质量,扩大品种,都锦生孜孜不倦地奔波劳碌,多方考

都锦生丝织图《宫妃夜宴图》(图片来自杭州都锦生实业有限公司)

西湖景观的丝织风景画美术样本（从左到右依次为《西泠桥畔》《云栖竹荫》《雷峰夕照》《平湖秋月》，来自《杭州都锦生丝织厂美术样本》）

察、四处学习、广采众长、创新产品。他东渡日本考察，又去了菲律宾学习，并从留学法国的友人处获得一台法国产的纯铁电力织机，还参照法国制的棉丝风景画，研制出了油画感极强的《北海白塔》等棉织画。

王尔德说："每件赏心悦目的东西背后，总有一段悲哀的隐情。连最不起眼的小花要开放，世界也得经历阵痛。"在都锦生逐梦的过程中，他也经历了一次次的阵痛。

九一八事变爆发，抗日救亡运动高涨。作为一位爱国的实业家，都锦生毅然决定抵制日货，停购日本产人造丝，改用意大利和法国的人造丝。当时，杭州城北的拱宸桥原系日本租界，有很多日本人在这里做生意，当然也有都锦生的丝绸生意伙伴。这些人被断了财路，便雇用一些游手好闲的日本浪人来艮山门的厂子里捣乱，想逼迫都锦生屈服。都锦生不为所动，组织了护厂队，严加提防。

然而，有些事情却是他提防不了的。1937年，七七卢沟桥事变爆发，8月日机轰炸杭州，两颗炸弹落在了工厂车间里，都锦生丝织厂被迫停工。

都锦生织锦博物馆中的织锦工作台

那段时间，艮山门每天都有出城逃难的人群，而都锦生却还怀揣恢复的梦想，守着他那些残存的织机。

然而，事与愿违，国事越来越不堪，12月，杭州沦陷。此时，他还滞留在杭州，汉奸组织妄图拉他进去当科长，他拒绝合作，先是躲避到灵隐天竺，后来又不得不带领全家从艮山门出城逃往上海。

正像尼采所说的："一个人只要知道自己为什么受苦，他就能忍受一切苦难。"到了上海后，都锦生在沪西租地三亩，建造厂房，同时组织工友将三十多台手拉机及大部分花版从杭州用帆船运到上海，继续开工生产，以期东山再起。

日寇占领杭州后，将桑树全部砍光，对丝厂、绸厂大肆摧残和掠夺。杭州缫丝厂的二百四十台立缫车及煮茧机、烘茧机、锅炉等均被抢拆运走，不少绸厂被付之一炬。日伪"华中蚕丝公司"还对蚕种、蚕茧、蚕丝实行统制，日本的三菱、三井等十四家公司包揽了全部蚕丝出口业务，杭州的纬成、庆成、天章等著名绸厂所生产的全部生丝均被日寇掠夺。对于都锦生的不合作态度，日本人也恼羞成怒，1939年，艮山门外的都锦生厂房及所有设备，都被日寇烧毁——现行的史料都是这么记载的。不过，艮山门外的"老土地"周朝阳老人却有不同的说法，他说，当时的艮山火车站和都锦生厂房都远离民居，日本飞机的炸弹并没有投中。沦陷后，日本兵虽然火烧了艮山门外的民居，却没有烧都锦生厂房。由于有留守工人的保护，厂房一直完好。这一说法与以往的文字史料有出入，不过，也在情理之中：因为都锦生的作品曾在国际上得奖，而都锦生本人也有过考察日本的经历，受到日本人的重视也属当然。

1941年12月，太平洋战争爆发后，日军进占上海租界，都锦生丝织厂被迫停产，加上各地营业所已先后被日机炸毁或在城市沦陷时被捣毁，都锦生一生事业付诸东流，不禁悲愤交集。

1943年3月，都锦生突然昏厥，跌

都锦生雕像

都锦生织锦博物馆（图片来自杭州都锦生实业有限公司）

倒在厕所里，送医院诊断为脑出血。弥留之际，他对亲属好友留言：运回杭州安葬。

一位赤诚爱国的实业家，壮志未酬，就这样过早地离开了人世，而他的名字也与悲怆屈辱的近代历史相互交织，如他的织锦般经纬交错。如果他的织锦能够化作阿拉伯传说中的魔毯，魂兮归来的都锦生，是否愿意驾着这魔毯再来看一看艮山门的那片旧厂房？

所有伸向远方的道路，都是为了带你回家而铺设的。

打铁关

第二品　风情

品韵文晖：从宋代说起

锦瑟年华说文晖

01 "艮山十景"的前世今生

> 扁舟一棹入溪湾，隔岸红蒹隐白鹇。
> 选胜揭当图画里，招凉难得水云间。
> 清思惯寄三分竹，晓景贪看两面山。
> 黄叶村中徐稚宅，闲人可许叩柴关。

这首项益寿的《晨出艮山门看秋景，访徐艮生茂才》出自《杭郡诗三辑》，被收录在《武林坊巷志》里。诗人极赞了艮山门一带的秋日胜景，称其堪当选胜入图画。

自宋元明清以来，艮山门一带均是人文荟萃、商贾辐辏之地，昔日还有"艮山十景"流传。

在思想激越的鲁迅先生看来，中国的许多人大抵患有一种"十景病"："点心有十样锦，菜有十碗，音乐有十番，阎罗有十殿，药有十全大补，猜拳有全福手福手全，连人的劣迹或罪状，宣布起来也大抵是十条，仿佛犯了九条的时候总不肯歇手。"他认为，这是"有悲哀在里面"："畅快不过是无聊的自欺。雅人和信士和传统大家，定要苦心孤诣巧语花言地再来补足了十景而后已。"

鲁迅写这篇文章的意思是"无破坏即无新建设",所以,他要打破这种"十全停滞的生活",欢呼"雷峰塔的倒掉"。

处于鲁迅的时代,站在当时的立场,这当然是革命的、进步的;然而,纯粹从文化的角度来说,"十景"式的题名景观倒是中国原创的景观设计类型。从某种意义上说,以"十景"命名的"题名景观"倒正是宋韵遗存了,最著名的就是"西湖十景"。

说起杭州的"西湖十景",那真是谁人不知,哪个不晓!早在清康熙二十八年(1689年),康熙帝第三次南巡、第二次驻跸杭州时,御定了西湖十景之名,亲题景名,题诗勒石。后来,乾隆爷又是六下江南,每次必到杭州,每次必游西湖。六次幸杭,六次都为西湖十景赋诗,一共写了六十首!

天下名胜多了去,可有多少是皇帝钦定御题并写诗纪念的?这就使得"西湖十景"扬名天下了。而两位皇帝御定、御制之后,各自又御选地点列碑建亭。据说,康熙还亲自参与了十景碑亭立于何处的方位选择,"奉悬宸翰,以示恩宠"。这又使得西湖十景,不仅仅限于文字和图画的记录,而且还有了固定实物的标识,后人一到西湖,就可以按图索骥地找这"西湖十景"了。

苏堤春晓、曲院风荷、平湖秋月、断桥残雪、柳浪闻莺、花港观鱼、南屏晚钟、雷峰夕照、双峰插云、三潭印月……用具有韵律、对仗、情绪、色彩等美学要素的四字组合,概括出能够涵盖一个完整独立的景观区域,

品韵文晖:从宋代说起

［宋］叶肖岩《西湖十景图》

既能平衡其中的文化势力,又通俗易懂、大方雅致。每一景都传递出各自独特的精神内容和美学气质,而这"西湖十景"组合在一起就代表着古代西湖胜景的精华。这是一种景观概念,也是自然和人类情感相结合的一种审美形态,更多的是一种思想层面的艺术创意。中国的题名景观可以说无出其右!

[南宋]陈清波《苏堤春晓》(又名《湖山春晓图》)

当然了,并不是所有的杭州人都知道"西湖十景"的源头其实远远早于清朝两位皇帝的品题。细数"西湖十景"的来源,其实可以追溯到南宋画院里画师们的笔下创作。比如南宋宁宗朝的画家马远就画过《两峰插云》《平湖秋月》和《柳浪闻莺》三幅山水景。家住清波门外的南宋理宗朝的画家陈清波也画有《苏堤春晓》《三潭印月》《断桥残雪》《雷峰夕照》《南屏晚钟》和《曲院风荷》等六幅画。而最早出现"西湖十景"的整体名称的,一般认为是在南宋理宗时地理学家祝穆的《方舆胜览》这本书里。

南宋"西湖十景"的形成是南宋著名画家和文学家共同推进的结果,它突出地反映了中国哲学和中国审美文化中"诗中有画、画中有诗"的创作观念。诗、画、景在审美和哲学层面的有机结合,正是中国式"诗情画意"的典范。而这种高度凝练的题名景观,提升了国人的审美境界,流风所及,影响后世。所以说,以"十景"命名的"题名景观"正是一种宋韵遗存。

那么,另外十景"艮山十景"产生于何时呢?

艮山十景公园

连"西湖十景"这样享誉中外的景观都不是一朝一夕生成的,名声较小的"艮山十景"成形的时间线索相较而言就更小,也更少了。但按鲁迅先生的"十景"考据,"沉重起来的时候大概在清朝。凡看一部县志,这一县往往有十景或八景,如'远村明月''萧寺清钟''古池好水'之类"。估计,"艮山十景"产生的年代也应该是在清朝。

但是,在清乾隆年间的文士翟灏所著的《艮山杂志》中,还没有提到"艮山十景"的说法。可见,"艮山十景"出现的时间很大可能是在康乾两帝之后。当时居住在艮山门一带的文人受两位皇帝御题"西湖十景"的影响,才搞出这么一个"艮山十景"。

"艮山十景"自然是不能与"西湖十景"相提并论的,但就其题名的凝练与诗意而言,还是胜过鲁迅所说的"远村明月""古池好水"之类。现将其解析如下:

【坝子铃声】

艮山门旧有顺应桥,俗称坝子桥,艮山门也因此被称为坝子门。据《东城小志》记载,坝子桥上有一座亭子,旧有凤鸟飞集亭上,命名为"凤凰亭"。《当归草堂诗草》云:"旧传凤凰曾结巢,凡鸟不敢鸣交交。凤凰一去剩亭

艮山十景碑之坝子铃声

在，古迹沿缘数百载。"

清咸丰八年（1858年）三月廿八日，亭子无故自焚，桥亭一炬化为焦土。《东城小志》的作者认为是咸丰十年（1860年）英法联军攻陷北京，火烧圆明园的"庚申之变"和咸丰十一年（1861年）太平军李秀成部攻打杭州的"辛酉之难"之预兆，从此，艮山门一带繁华不再，"丝市机声，荡焉灰灭"。

这样的联想当然有些武断，从咸丰八年到咸丰十年，中间还隔两年，预兆也来得太早了些。但通过他的记载，我们至少可以知道，"艮山十景"的命名应该是在咸丰年之前。而结合上文的推断，我们就可以把"艮山十景"产生的时间段确定在乾隆之后，咸丰之前了。

【水阁经文】

所谓的水阁也即水星阁，在今体育场路北、中河北路东，杭州日报社大楼与原杭州电视台大楼之间。

水星阁曾名三拨营，其地原有白洋池，白洋池又名南湖，周围三里，深不可测。白洋池底有暗水道通上塘河，久旱不涸。《咸淳临安志》载，公元1247年夏，大旱，西湖干成了枯田，白洋池水依然充盈，池边人家用车马装载净水，当街叫卖，赚得盆满钵满。在民国初年的杭城地图上还可以看到，白洋池北面临近水星阁土埠，南到现在的体育场路，估计有近百亩的面积。

白洋池旁有一座寺庙，《咸淳临安志》载："广寿慧云禅寺，在艮山门里白洋池，张循王之孙舍宅为寺，绍熙元年（1190年）赐今额。"张循王,就是南宋初年的大将张俊,其曾孙张镃、张鉴都是杭州的文化名人。这里原先是张家的产业,后来捐献出来做了寺庙——广寿慧云寺,俗呼张家寺。张镃撰文称,此举是"上荐祖先父母,次及知识冤亲",也就是说将园子改成寺庙,是为了超度祖先并祭奠"知识冤亲",那些相知相识并结下冤孽者,其中或许就有张镃的祖先张俊当年参与陷害的岳飞,作为张氏后人,张镃一直心怀愧疚想为祖先赎罪。寺庙内有座园子,有留云亭、白莲池诸胜迹,占地约十亩,园中有宋梅数十株尤为称奇,西有寂照庵,暮云笼树,夕照衔山,景色清寂。

艮山十景碑之水阁经文

张镃为祖先赎罪恐怕是没有奏效,因为张俊仍旧跪在岳墓前,而他的儿子张濡在南宋末年因误杀元朝大臣被元兵攻破临安城后活活剐杀。不过,他捐出的这块土地倒是派上了用场。

历史上,杭城多火灾,曾有民谚"城隍山上看火烧"之说。清黄士珣《北隅掌录》记载:"水星阁在白洋地上,形六角,如浮图,凡三层,高七丈八尺,自地至脊高六丈六尺,顶高一丈二尺,周围十四丈四尺。中供毗罗佛,此前人用以厌武林之火患也。""厌",通压,压制、抑制之意,就是希

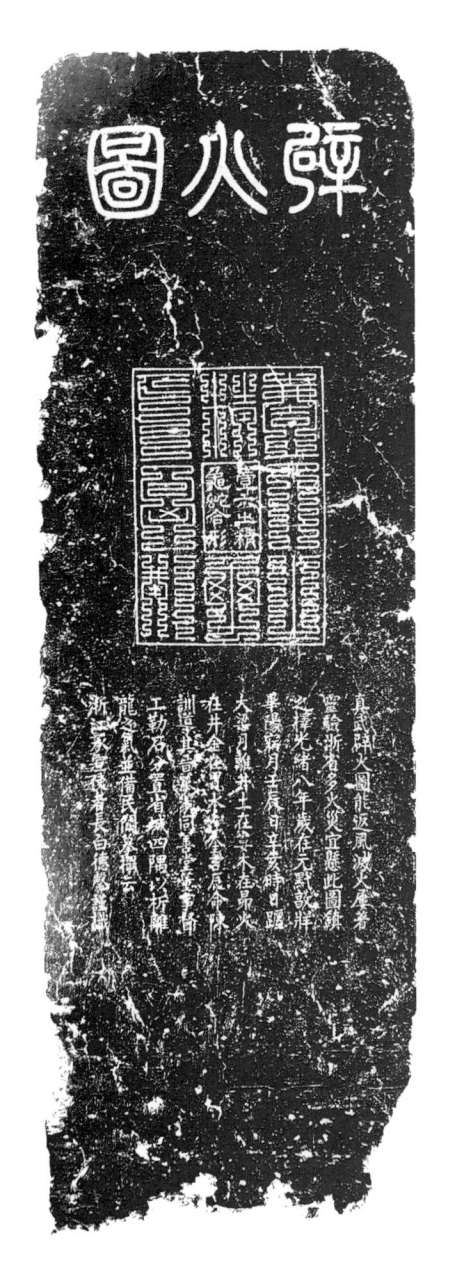

辟火图碑

望镇住杭州的火灾,"毗罗佛"是佛教中的七神王之一,专主降魔,包括火魔。

从前的杭州为什么多火灾呢?有人做过调查,认为是五方面的原因:一、民居稠多,灶突连绵;二、板壁居多,砖瓦特少;三、奉佛太盛,家设佛堂,彻夜烧灯,幛幡风引;四、夜饮无禁,童婢酣倦,烛烬乱抛;五、妇女娇惰,篝笼失检。至于为什么选择在这里建水星阁,古籍上是这样解释的:"杭州多火灾,故紫阳山顶用坎卦石以厌之,风鉴家谓东北尚空,乃于坝子门内梅东高桥之侧建水星阁。"

这座水星阁造得很高,"七丈八尺"还只是阁子的高度,它下面还有一个高高的土埠。从前坐在艮山门外河埠上茶馆里都能一眼看得到这座阁子,可以称得上是当时城北的一座地标了,与城南吴山上的城隍阁遥遥相对。

水星阁里藏有一块辟火图碑,石碑上方横书"辟火图"三个拳头大小的篆字,碑中央是八组九叠篆,篆形如地龙拱土,不得其解,文字是"壹六之精,龟蛇合形"。水星阁以藏经禳杭城火灾,得以阁名。这一处梅花藏经的景观遂成"艮山十景"之一。

清代词人厉鹗晚年隐居于水星阁,自号南湖花隐,有《樊榭山房集》《樊榭山房集外诗》留世。水星阁直至1959年建电子管厂时方拆除。位于中河高架桥下的水星阁遗址处,如今是一片水泥浇筑的、比水星阁要高好多倍的现代建筑群。

【吊桥流水】

艮山门在古代是拱卫杭城东北的军事城门,明代朱国祯《涌幢小品》记载:"杭城计九千八百五十三堞。万历四十年,每堞用鱼脊石板一片覆之。堞每高六尺,长一丈八尺。艮山门三百三十四堞,共长六百零一丈二尺。"所谓的堞,就是城墙齿形的箭垛。这则小品简直已经有点儿像军事情报了,可见艮山门的主要功能是防卫。当时的杭城设置带有弧形突出的瓮城,也有护城河,护城河上设吊桥,每天定时启闭。

艮山十景碑之吊桥流水

京杭大运河

艮山门地处京杭大运河畔，城楼下的吊桥之水经会安坝入京杭大运河，此水终年流淌，其声哗然，遂以此命名一景。

杭州是一座与水结缘的城市，杭者航也，杭州的"杭"字本身就是一只船的意思，流水不息，逝者如斯。聆听这吊桥流水的是城上的更夫还是戍卒，抑或是相思难眠的春闺少妇？

【俞桥望月】

杭城旧有几处赏月胜地，"平湖秋月"自然名气最大；夹城巷东面老德胜桥观月，名"夹城夜月"也是一佳处；凤凰山上的月岩，月光从岩孔穿出，幻化成一轮明月，堪称奇绝；而艮山水门西俞家桥的"俞桥望月"也算得上一处。

艮山门地处运河之畔，旧有水门，还有望楼。《杭州府志》记载："有水门,元络菜市河于城内,因设此以达其下流,注上塘河。"明嘉靖三十四年(1555年),倭寇犯杭。因倭寇皆由水路而来,督抚胡宗宪遂在清波门南城上筑带湖楼,东南城上筑定南楼,凤山门西城上筑襟江楼,艮山门东城上筑望海楼,这是《杭州府志》的记载。但事实上,城东望海楼恐怕在唐宋时期就已经有了,白居易有诗"望海楼明照曙霞"(《杭州春望》),注云"城东楼名'望海'"。苏东坡守杭也有望海楼的诗。所以,望海楼虽不一定是唐宋古迹,但早已有之。

艮山十景碑之俞桥望月

"俞桥望月"景名中的"俞桥"就是明清时代的艮山水门望海楼下的俞家桥,又叫西俞家桥。俞家桥与艮山水门正对,相传昔有居民俞姓者,"因目上星,后疾愈,故建此桥,以无星名,今人亦以俞家桥称之"。桥在会安坝侧,沙河柳林闸之水由此桥注入五里塘。

俞家桥原系石础木桥,置木栏。秋夜,依栏南眺,原水城门河面上倒挂水中之皎月,与天空中素云环抱的皓月,天上人间,相映成趣,构成一幅"双月生辉"的城东夜景。苏东坡曾题《望海楼晚景五绝》,其中一首说的就是玩月故事:"楼下谁家烧夜香,玉笙哀怨弄初凉。临风有客吟秋扇，拜月无人见晚妆。"可见，此处赏月在宋时就已经颇有名气了。

倘若没有水的映照，月亮只不过是茫茫苍穹中一处冰冷而荒凉的光源。而水恰恰是这座城市的灵魂，艮山水门的这潭水似乎是为月亮而生的。月圆之夜，在这里临水赏玩，就应了古人诗句中"天涯共此时"的意境，它最能引起人们普遍共鸣的是一份宁静和团圆。这是一种跨越时空的审美精神，也是一次"直指人心"的心理体验。

【沙田红灯】

艮山门外旧为沙田，宋代名为"沙田里"，其地近海，初垦时为沙田，故得名。苏东坡的《望海楼晚景五绝》，也有一首是写沙田里的："沙河灯火照山红，歌鼓喧呼笑语中。为问少年心在否，角巾敧侧鬓如蓬。"

沙田里乃江海沙地，种瓜最宜，一到夏秋，蔓秧遍野，煞是令人嘴馋。南宋《淳祐临安志》记载，当时有个周姓的人，种的瓜最佳，人呼月塘周家算筒瓜。凌尔铨有《算筒瓜》诗传后："沙村土宜瓜，名自天水擅。周家特噪称，算筒尤佳选。瓮蜜中边甜，金皮削黄瓢。永怀步兵诗，地向青门佃。"

这一带还多鱼行，子夜后生意开张，门前红灯高照，鱼贩熙攘如蚁，这

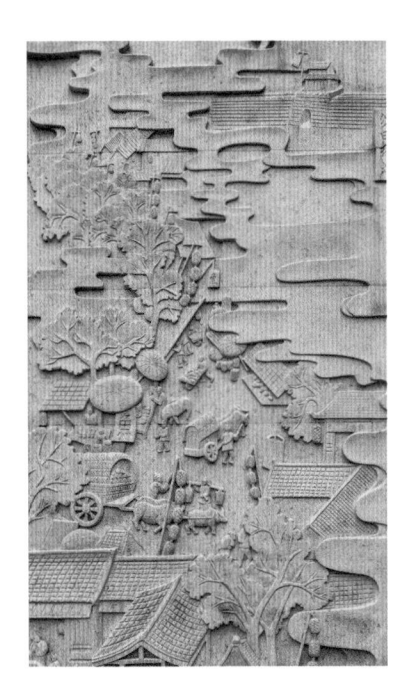

艮山十景碑之沙田红灯

流水西苑河畔

是最早的"沙田红灯"。

　　元末张士诚扩城东门三里,将菜市河揽入城内,在原城墙外营生的瓜果菜农和鱼行鱼贩都转集于此,称沙田集市。于是,原先城外的景致被搬到了城里,没有了城门开闭的限制,热闹更胜昔日。沙田集市里店铺林立,生意通宵达旦。每到半夜,家家门前红灯高悬,远远望去闪闪烁烁,煞是好看,这就是"艮山十景"之一的"沙田红灯"。清代戴清有《沙田晓市》诗:"喧阗人语叠尘埃,寒拥重门候晓开。一路滑冰过市上,满肩残月照城隈。野蔬园果随时价,竹杖芒鞋接道来。谁识风霜经历尽,日高暖阁梦初回。"

　　集市大了,难免会有市讼争议、民间纠纷。明洪武六年(1373年),

就在沙田市开设申明亭，彰善瘅恶，剖决争讼小事，辅弼刑治之所，可以说是杭州城里的"市场管理"之始。洪武八年（1375年），又开设旌善亭，凡民间孝子贤孙、义夫节妇，受旌表者，书于亭楣，这又是弘扬风气、正面引导之意了。

沙田里的市集一直到20世纪初仍然闹忙。沙田里生意做得最大的要数沈三房蔬菜行，二十四小时营业，沈三房的货都是船上运来的；生意做得第二大的是陈家鱼行，也是二十四小时营业。沈三房蔬菜行和陈家鱼行的后代大多住在流水东苑和流水西苑社区。

沙田集市早已不存，今天，从流水西苑西大门进去三十米左右有一座兴隆桥，兴隆桥到朝晖路有一段长一百五十多米的道路，仍沿用地名"沙田里"。

【河埠号声】

清朱文藻《崇福寺志》记载："过吊桥沿沙河迤东，市店关密，俗称沙河埠（即今河埠上）。"

河埠上东起朝晖路和闸弄口相对，西至建国北路，此处河面开阔，昔日舟船如鲫，北面桑麻连片，稻麦泛金，一望无垠。河埠上的商贸兴起于清，发轫于民国，鼎盛于中华人民共和国成立前后。这里居运河之畔，又近艮山门火车站，系水陆运输商品的集散地，又处在城乡交界之地，商贾辐辏、百货骈阗，遂成城东一大集市。

站在艮山门城楼下的吊桥上，东望沪杭线上火车隆隆，西眺城墙嶙峋，近处水星阁、远处保俶塔尽收眼底，可谓是城郭塔影，古朴而秀丽。

河埠上的集市其实只有五百来米长,但因为地临运河,河面上商船货船密密匝匝,水上陆地互相招呼,喧闹吵嚷,不绝于耳。岸上店铺紧挨,茶坊酒肆林立,婚丧喜庆,五行八作俱全。民国时期,河埠上有五十二家商店,肉店、咸鲞店、米店、茶叶店、饭店、香店、竹器店,应有尽有,包罗万象。做得最大的要数做丝绸生意的汇春坊,主营蚕、茧、丝、绸,每天都有许多丝绸老板和机坊老板进进出出。这里的生意,一日三市,夜市未落,早市又起,人称"日进三只金元宝",连盗贼都等不到黑灯瞎火作案的机会。

艮山十景碑之河埠号声

河埠上最有意思的是蔬菜行的生意,菜农驾船运菜进来,蔬菜行秤手一边过秤,一边高唱菜名、斤两、单价、姓名等,各种生意人行话暗语此起彼伏,吆喝声、叫卖声,南腔北调,偶尔还有几个金发碧眼肩上扛着地毯披肩之类叫卖的白俄人和吹笛耍蛇的印度人、阿拉伯人。各种市井、市集的声音,就构成了"河埠号声"。

【石栏长阵】

河埠上至(石)弄口沿河岸有石栏整齐蜿蜒,宛如长阵,由五十根青石立柱和石碑组成,石柱上有镇压水妖河蚌精的雕刻图案,石碑上则写着当初集资者的姓名和资助的银两。因为水位消退的缘故,当初的石栏板几乎都已露出地面。想当年,士绅农户私人集资,建石栏石碑护水路平安,也是一桩了不起的善举。而今天,从艮山公园的亭子中一眼望去,八个高达三米的古代传说中"守卫堤岸"的"辟邪神像"赫然屹立,生龙活虎,威风凛凛。而艮山十景大型石刻浮雕——"艮山风情",就在绍兴路艮山桥西北侧的绿地内,无声地叙述着运河的千百年历史。

艮山十景碑之石栏长阵

【艮山王坟】

艮山上传说有北宋王家墓地,梁山泊好汉鼓上蚤时迁曾盗王坟于此。据说,时迁后来也葬于此地,旧时艮山门一带的居民都称其为"时迁伯伯",而称贼也叫"贼伯伯"。

时迁只是《水浒传》里的人物,上面的故事当然不能看作史实,但《水浒传》最早的版本"容与堂"刻本就刻印于杭州,水浒故事恐怕最早也是在临安的瓦舍里流传。《水浒传》上题名的作者施耐庵据信也是"钱塘书会才人",从小说描写的部分内容以及书中写到的地形地势、气候物象、方言土语,还有人文故事、风俗人情来看,与杭州颇有关联。所以，也就难怪时迁的故事会在艮山门一带流传。

据说，昔时杭州老城墙过艮山门东折沿贴沙河南下，在拐角处城墙上挖有一洞，名时迁洞，洞不大，专供时迁的塑像，算是全国独一无二的时迁庙了。梁上君子每作案前，都要偷偷地来此默祷保佑。而每年除夕夜十二点钟过后，更是热闹，陆续会有一些来自城里城外、附近乡县的盗贼潜入此地，祭拜祖师爷，一直持续到后半夜。再若偶有小偷与小偷相遇，也是心照不宣，各自祭拜，装作不知实情一样。此事在《武林杂事咏·时迁楼偷祭》里也有记载："卅六人中谁善偷，时迁庙食城东楼。"说明早在南宋时，城东就存在小偷偷祭的习俗。不过，此说也是存疑的：如果"贼伯伯"作案前都要来此拜祭，那么官府破案岂不可以顺藤摸瓜了？不管怎么，"艮山王

艮山十景碑之艮山王坟

[明] 杜堇《水浒全图》中的时迁、石秀

艮山十景碑之流水飞舟

坟"总是一个传奇,而且是个离经叛道的传奇。

【流水飞舟】

艮山门城郊接合的特殊地理位置,使得流水桥河里渔船和运南北货、农副产品的货船如过江之鲫,码头上又有独轮车上下装卸货物,来往穿梭。

"艮山门下河流长,艮山门外多鱼商。大船小船沿河集,高墙午夜灯犹张。"清初藏书家孙琮在《将晓抵艮山门》一诗中,记叙了清代艮山门外午夜热闹的鱼市情景。

流水桥河属于东河的一段。东河位于杭州城区偏东部,宋时称菜市河,明代称东运河,清以后称东河、上河。东运河的水自城北入艮山水门,过坝子桥南下,运河上的货船往来如织。每年初夏端午日,这里还会举办一场别开生面的"艮山竞渡",其热闹场面堪与城西的蒋村赛龙舟媲美。与蒋村赛龙舟不同,艮山竞渡是有"标的物"的。是日,主持者将装饰好的大彩船开到预定位置,各赛船亦进入各自出发位置,待命进发。午时一到,鞭炮炸响,红旗摇动,各船竞渡,以先至彩船、竞攀上彩船桅杆、摘下彩球者为胜。

古籍里有不少关于艮山门一带沙河竞舟的诗文记载。《吴涧纯诗选》

［南宋］李嵩《天中水戏图》

中有《艮山门观竞渡》："雉堞依稀是艮山，龙舟狎浪去仍还。抛残玉钱千檐外，卷尽珠帘十里间。竞渡尽教今日乐，夺标谁识旧时颜？纷纷逐闹人骈迹，应笑闲人闹更闲。"清曹葛民也有《彩虹竞渡》诗："夺锦谁夸独占先，黄头结束健儿便。相传此地彩虹渡，又见当年画鹢船。细葛香罗当夏五，惊鸿骇燕堕秋千。红裙妒煞榴花色，近水人家望若仙。"诗中描述的就是"流水飞舟"的竞渡盛况。清杨文杰的《东城记余·东河龙舟》中有东河竞渡的描述，清王同的《武林风俗记》中也说："……城中河内，又有由东河来者，游人坐船，亦敲锣鼓，名曰：'游短景儿。'五月初一至初十至。"可见，当时热热闹闹的龙舟竞渡要进行整整十天！

【石弄潮声】

石弄又叫闸弄，旧时闸弄口的闸指的是清凉闸，闸下一条清凉河，"河身约广二十丈，宋时坝子，揣形势当设于此处"（《艮山杂志》卷一）。元末张士诚将城墙东扩三里，坝子废弃，这么一来，两条城里的沙河之水遇上大水就失控了，所以明朝初年"乃设会安、俞家二坝，一以界其北流，一以界其东流"。会安坝管控北流之水，称外沙河，通五里塘；俞家坝管控东流之水，通后沙河，坝的一侧建清凉闸。清《嘉庆杭州府志》载："艮山门东一里余，俞家坝侧泄沙河水，入清凉闸，俞家坝在俞家桥。"

艮山十景碑之石弄潮声

这条从河埠上尽头处通往清凉桥、清凉闸的弄，俗称闸弄口。清凉桥附近因地势低洼，雨多时成池塘，晴些日子又干涸见底，当地人称为清凉溇。明代洪瞻祖《赠庵主无学》诗里写道："艮山门东清波溇，清波溇畔清波庵。"清波溇旁有个清波庵，"建自钱氏筑塘捍潮时"。据说当年有涌潮至此，所以要建寺庵相镇。明朝天启年间，清波庵僧人无学重修大悲殿，因左殿缺少一根梁柱，去住在河埠上沙田里的屠家化缘，屠家答应给他一棵屠氏坟界外的大樟树。僧人怕惹事,没去砍,不料大樟树夜半无缘无故地自己倒了下来。这桩咄咄怪事被洪瞻祖记录在《灵樟记》一文里,可见在明朝的时候,这里还受到潮水的影响。

今天的流水苑一带已成为都市居民区,而直到20世纪70年代,这里却依然是溪流有声,一派田园水乡风景。流水苑是因流水桥而得名的,流水桥又叫溜水桥,这条溪流还有一个很好听的别名叫"琴溪"。《艮山杂志》载:"溜水桥,在清凉闸北,有南、北二桥。闸水自二桥下东过杨墅转北,入蔡塘河。不通舟楫,水声清泠可听,有似琴瑟,故前辈称之曰琴溪,亦称村曰东皋第一村。"这座流水桥直到1997年建流水苑时才拆除,

如今的京杭大运河

仅存朝晖路以东段，长九十二米。

"石弄口昔有陈家大院，西侧有小溪，溪水从城河引入陈家大池塘，流过陈家大院门前向西成直角弯流，泻落二十余米的石砌斜坡，水如潮涌，出水处有一独木小桥横架东西两岸，小桥流水，景境诗画。"这是《文学解读新运河》书中关于艮山十景之一"石弄潮声"的一段描述，这石弄潮声下的陈家大院原址便位于今天的流水东苑社区。艮山上的陈家人多以贩鱼为业，算是当时的"名门大户"了。

居住在流水东苑的陈元春老人就是在陈家大院长大的。他小的时候，陈家仍以承包鱼塘、贩鱼为业。虽然陈家大院已湮没在岁月的长河中，但陈元春还记得他家的那些久远故事：陈家祖辈从中原地区一路迁移至诸暨、萧山，于清末定居于艮山门一带。陈家人靠捕鱼起家，承包了附近的鱼塘后，城外的鱼贩子和菜贩子都集中到陈家来拿货。因此，陈家家境殷实，民国时期就是艮山门外有名的大鱼商。陈家老太爷是当地的大善人，经常尽自己所能帮助大家，解乡邻燃眉之急，因此威望甚高。谁家有个不平的事，如兄弟分家、婆媳不和、邻里纠纷，都来找陈老太爷主持公道。陈老太爷和善可亲，公平公正，解决问题让大家都心服口服，可称得上是艮山门外最早的"和事佬"。

如今，运河上船只依然来往不绝，但已无石弄潮声。只是在流水东苑的运河边，书写了一块巨大的石壁，留此存照了。

02 打铁关:权作了杭州的阳关

从建国北路北上到东新路南端,有一座牌坊耸立,赫然写着"打铁关"字样。

《北关新志》记载:"打铁关在太平乡西,接东新关,置立木栅看守盘

打铁关牌坊

[现代] 杜高杰、宋柏松、高法根、宋晓贽、王大川《铁关玉带》

验,早晚启闭,以便农船。"可见明清时期,这里原系杭城艮山门外的一处关卡。相传此地原本是水陆交通要道,有一打铁店傍备塘河桥边,铁匠手艺高超,远近闻名,故俚名打铁桥。明代官府在打铁桥堍设关卡收税,以打铁桥名关,称打铁关。

然而,在民间却有另一种版本的说法:南宋初年,抗金名将岳飞曾驻军于此,招兵买马,雇用铁匠昼夜打造兵器,备战北伐,以期收复失土。

第二品　风情

民间版本的生命力是如此强大，以至于现在的人大多不加考证地采用了这个说法。这样的说法当然是符合老百姓的心理愿望和朴素情感的，然而，只要稍加思考就可发现它其实是十分无稽的：当时临安府（今杭州）已经被确定为南宋政府的"行在"（临时首都），打铁关就在临安城边上，武将回朝岂可带军队驻屯？说岳飞在此招兵买马，还雇铁匠打造兵器，岂不是有"谋逆造反"的嫌疑？即使是放在今天的世界各国，也没有一个军区司令员进京述职时可以带着武装部队同行的。当年，秦桧他们构陷岳飞，苦于找不到证据，只好用了"莫须有"的罪名，如果真有打铁关驻军之事，倒是坐实了他的"罪名"！

所以，这个讹传了多年的说法应该纠正了。

[南宋] 赵构《付岳飞书》

当然了，这一带的老百姓之所以要流传"岳爷爷"的故事倒也不是一点由来都没有。恐怕还是跟一次皇恩浩荡的游街盛典有关：

绍兴三年（1133年）八月，宋高宗召岳飞赴行在（临安）入见。岳飞自绍兴元年初调到江西两湖以来，先后平定与招抚了李成乱军、曹成游寇，又镇压了江西虔、吉两州的叛乱，他率领的军队几乎是战无不胜，为南宋朝廷立下了汗马功劳。三十一岁的岳飞此时的官职是神武副军都统制、江南西路沿江制置使，其成名之早、升迁之快，直令世人刮目。平心而论，此时的宋高宗对岳飞的英勇善战也是十分欣赏，恩宠有加。他自诩"拔飞（岳飞）于行伍之间"，对岳飞也刻意笼络，所以，就有了这次进京谒见。

九月九日，岳飞携长子岳云抵达临安。十三日，高宗即行召见，当场赏赐岳飞金带器甲、战袍戎器。更让人感动的是，他还手书"精忠岳飞"四字，并让日后成为皇后的吴氏亲手绣成一面锦旗，令禁军持这面特赐锦旗开道，让岳飞在御街上游街。

当御前禁军高擎皇帝御书的"精忠岳飞"锦旗，众星捧月般地簇拥着岳飞，马蹄震天地从皇宫大内的和宁门出来，过朝天门沿着天街游行时，临安士庶万人空巷赶来围观。这可是大宋开国以来，前所未有的殊荣哪！宋朝立国崇尚文治，骑马戴花游街向来只有状元才有此待遇，开疆拓土的武将即使搴旗斩将、献俘阙下，也从来没有享受过如此高规格的荣耀。

"出来了，出来了！岳相公来了！"

第二品 风情

"哇！他可真年轻啊！年轻威武，国之干城！"

"看到那面锦旗没有？听说锦旗上的字是官家御笔手书，圣人（宋人对皇后的称谓）亲手绣的呢！"

"啧啧！还有禁军开道！大宋开国至今，哪位将军有这么风光过？"

"这是自然的，咱们大宋收复故土、雪耻报仇就全仗岳元帅了！"

"天佑我大宋！天佑我大宋！"

围观的百姓议论纷纷，马上的岳飞也踌躇满志。

此次进京受官家召对，对岳飞意义重大。此后，"精忠"两字便成为岳家军的灵魂与象征。岳飞的部将张宪、王贵、杨再兴等二十四人都得到了升迁和奖励。同月，高宗又任命岳飞为江西、舒、蕲州制置使，所部

[南宋] 刘松年绘《中兴四将图》

也由神武副军改称为神武后军,防区跨长江两岸,自舒州(今安徽潜山)至蕲州(今湖北蕲春),联结中原腹地。并令李横、翟琮、董先、李道、牛皋等部队悉听岳飞节制。岳飞也没有辜负临安父老的期盼:次年,他率军从江州(今九江)出发,沿长江、汉水西上,三个月内,连克郢州、襄阳、随州、邓州、唐州和信阳等六个州府,使南宋获得了联系西南与中原地区的战略要地。消息传到临安,京城欢声载道,朝廷再次升迁岳飞为镇宁、崇信军节度使,从而和刘光世、韩世忠、张俊等前辈将领并列,称为"中兴四将"。

这当然是后话了,现在还是回到岳飞游街的现场。

南宋的御街(天街)也就是今天的杭州中山路。据史料记载,御街

鼓楼(吴海平摄影)

第二品 风情

南宋御街（胡鉴摄影）

长达一万三千五百余尺——宋时一尺的长度比今天的一尺略短，由此折算，御街大约长四千米，差不多正是从朝天门（今鼓楼）一直向北延伸直达艮山门附近的位置。

按照"坐北朝南"的礼制，南宋的皇宫正门其实是南面的丽正门，但出丽正门就是钱塘江边了，所以，皇帝和大臣出行多走北面的"后门"和宁门，称为"倒骑龙"。岳飞这趟游街走的就是这条路线。

宋时御街铺石板三万五千三百多块，在这石板街道上，数百禁军仪仗踩着马蹄声动地而来，端的是威武雄壮，气势非凡。

马上的岳飞意气风发，不时向周遭抱拳施礼，围观的人群也报以热烈的喝彩。岳飞还听到两声响亮的"有巴"赞叹，他知道这是从河南旧地跟

品韵文晖：从宋代说起

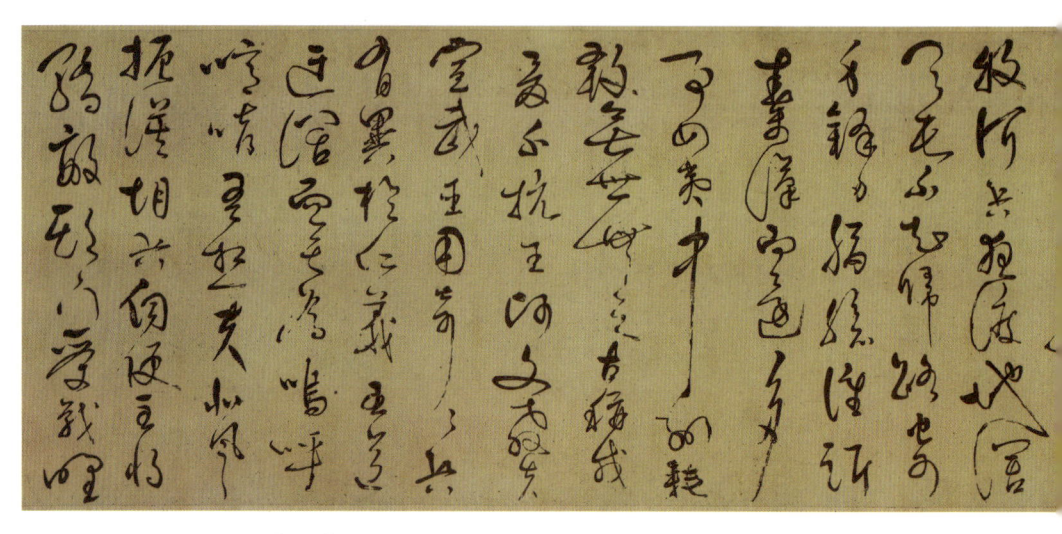

[南宋]岳飞《悼古战场草书》（局部）

随圣驾一起南来的故人发出的。这个"有巴"是当时东京汴梁人称赞一切美好事物的口头语。岳飞生于河南汤阴，自然知道这样的赞叹语。他循声望去，但见御街两侧人山人海，哪里找得到声音发出的人。却见沿街的店铺自发摆出了香案，案桌上最醒目的是摆放着一种两头大、腰身细的银锭样糕点，糕点上还印着"定胜"字样，这便是临安著名的糕点"定胜糕"了。定胜糕原是建炎年间（1127—1130），韩世忠在镇江大破金兵时，百姓蒸制的犒军食品。这块小小的糕点，拥有一个最好的名字。"定胜"两个字，有着祈求胜利的吉祥寓意，实在是汉字中寓意最好的祝福了。这份用米蒸煮出来的心意表达了南宋百姓收复河山的美好愿望，后来也就成了临安百姓慰劳抗金勇士的指定产品。有人将定胜糕捧上前去献给岳飞，岳飞此时也已经感动得热泪盈眶。这位河南汤阴农家出身、从行伍最底层出

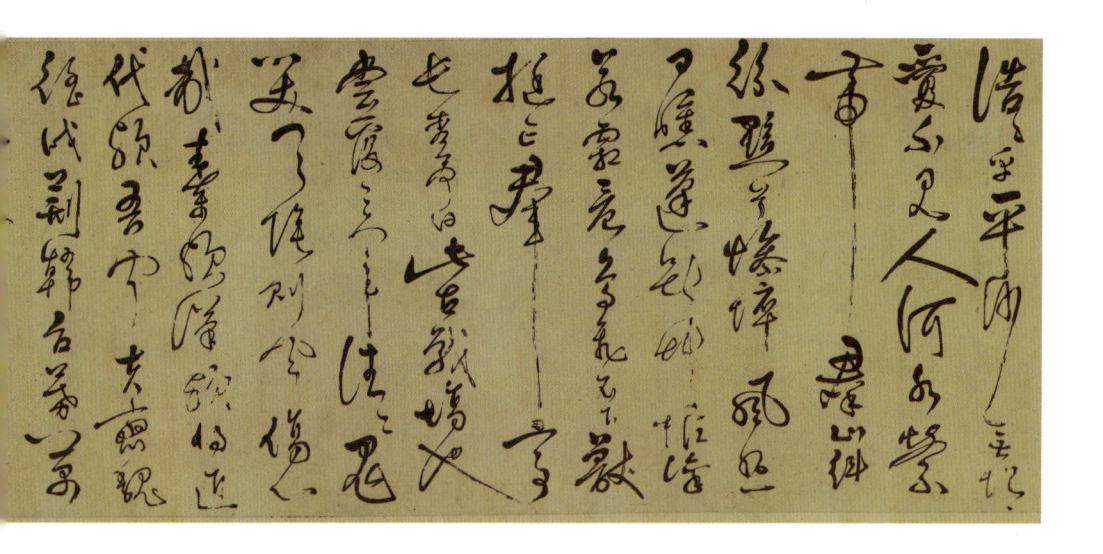

来的将领在战场上所向披靡,靠的不就是民间这种与日俱增的力量吗?

天街走到尽头,已是最北端的艮山门。庞大的队伍自然不能立马掉头,于是,游街结束的地方就定在了太平乡新安地界,《艮山杂志》载:"宋太平乡管理凡四:曰太平、华林、新安、石塘……"可见,也就在今天的打铁关附近。当时,宋高宗已经在临安城内给岳飞"赐第",也就是赠予岳飞一处住宅,位置就在今天延安路的嘉里中心一带。岳飞由此转回府邸,护卫的禁军则在新安集结后折返回宫。

禁军回宫当然又是一番森严气象,他们在太平乡集结,逐队厉声喝问:"班齐未?"各队班直逐一应答:"班齐!"一问一答间就透出威风凛凛的底气来。队伍整顿完毕,便迈开铁蹄,排山倒海般地朝着皇宫方向回去了。

打铁关历史文化陈列馆外的打铁关雕像

打铁关,印记着这份铁蹄轰鸣,印记了一个英雄的传奇。

当年,临安军民在此目送岳飞离去,而到了后来,这里倒真成了一个折柳送行的处所。

因为不远处的艮山门已经是最北的一个城门,出了艮山门也就是城外了。一般文人出城,其他人北上饯行送别至艮山门止,而至亲契友送别依依不舍,就在城外的打铁关饯行。"寒蝉凄切,对长亭晚",别是一番离别景象。当年柳永的"都门帐饮无绪"当然是在东京开封,而到了南宋,北去的行人就在这里"都门帐饮",奏一曲"阳关三叠",在打铁桥头徘徊,权把打铁关当作阳关。当年范成大、洪迈出使金国也必由此北上,这里不似西出阳关那样苍凉,有的是"杨柳岸,晓风残月",但毕竟已经出了京城,去国离乡的心境总还别是一番滋味。

打铁关,不要看这个名字硬朗,却还是有一段缠绵的历史记忆。

就古代的交通条件及一般人的行踪轨迹而言,背井离乡、长途跋涉的毕竟只是少数人,对于大多数人而言这里更多的是一个城乡要津,城里人出城踏青山行要经过这里,城外的农民将地产土货带进来贩卖也要经过这里。艮山门的东面是坝子桥,西面有一座水城门,可通舟楫。自宋朝开始,城中的人若出城去游览东北郊的临平山、超山、皋亭山(半山)、黄鹤山等胜景,多乘小船从这座水门出去。

到了明清时期,打铁关一带更成了杭城东北水陆之枢纽,船只逢集,商贾辐辏,方圆四里竟有百余口井,时称"百井街"。

备塘河

品韵文晖:从宋代说起

打铁关一带城外多的是养蚕的农户,乡民以蚕桑为业,历来文人就多有吟诵。清代黄基的《桑椹》诗云:"芃桑接阴阴,嘉实缀戢戢。初悬火齐珠,渐熟元玉粒。鸤鸠醉饱余,挈篮儿共拾。方书授村翁,日饮三升汁。"清代的郑文灏《茧花》诗则道:"花蚕弄神智,锦质妙层叠。人工继剪刀,分出花与叶。瓮底春乍破,宫中彩其贴。细意妆缀成,一枝献蚕妾。"在农耕社会,蚕桑丝织当然是国家经济的重要命脉,所以,明宣德四年(1429年)起,就在跨沿塘河(宋时称蔡官人塘河,即今备塘河)的打铁桥堍设立关卡,征船税兼管贸易,也向进出的蚕农丝商抽税,打铁关也就俨然真正成了一道"关"。

打铁关外的大片桑田,现在自然已经不见踪影。中华人民共和国成

打铁关桥(原名打铁桥)

立后，政府重视粮食生产，提倡种植水稻，桑田就都改了稻田。1958年，杭城东北郊被定为重工业基地，建起了十几家大中型工厂。打铁关地处城郊接壤，临运河又近艮山门铁路货运站，相继建起各种仓库，如市包装进出口公司仓库、省建设厅仓库、杭州卷烟厂仓库等。这些历史痕迹现在都已经看不到了，也正印证了"沧海桑田"这句话，只有"白头宫女在，闲坐说玄宗"时，才记起这里原先倒真是一片桑田！

那座打铁桥倒还在，只是2001年建国北路向北延伸时拓宽，改建成了一座梁式公路桥，也就没有人再叫它打铁桥了。而现在的打铁关除了作为一个地铁站名外，更多的是作为一处片区名，泛指绍兴路、东新路南段及原打铁关路一带。之所以加个"原"字，是因为原先这里还真有一条"打铁关路"：南起朝晖路接建国北路，北至绍兴路接东新路，也即村民口中的俚语所谓"上到施家桥，下到朱芳桥"，虽然南北长不过五百多米，好歹总算也是一条"路"。后来东新路整治，向南延伸，把绍兴路至文晖路的打铁关路段并入，统称东新路了；文晖路至朝晖路的打铁关路段又被划入建国北路，从此，这条"打铁关路"算是消失了。

好在打铁关还在，牌坊巍峨，还颇有些雄关屹立的味道。牌坊顶部盘绕着龙生九子之一"负屃"，前面是一对石狮，左雄右雌，据说是符合中国传统中男左女右的阴阳哲学。不过，宋人的宅第前不常安置石狮子，所以此处的石狮子仿的应是明清制式。两只石狮倒是形象可爱，雄狮前爪下有一绣球，雌狮前爪抚摸幼狮。沿牌坊两侧排开的是十二生肖石柱，石柱上刻有中国传统的生肖图案，与两只石狮子相映成趣，说是代表着全

打铁关历史文化碑廊

体居民各尽其能,和谐共处,倒也是很好的寓意。

  这里还有一处长五十米、高四点二米的历史文化碑廊,顶部的廊檐全用来自天台山的整块青石雕琢而成,中间的石碑则采用上好的太湖石,这也是目前国内规模最大的建在社区里的碑廊了。碑廊中最长的一组雕刻是岳飞手书的诸葛亮《出师表》,长达三十六米,底部是三十二幅青石浮雕,展现了岳飞叱咤风云的一生。《出师表》碑文请的是绍兴雕刻《兰亭序》的姒招目师傅所刻。姒是一个有着四千多年历史的古老姓氏,有一支姒姓族人主要集中在绍兴禹陵村,据传是治水英雄大禹的后代,他们的职责历代以来主要是守护禹王陵。这位姒招目师傅从王羲之的《兰亭序》刻到岳飞手书的诸葛亮《出师表》,也算替打铁关增加了些许苍苍古意。

为了纪念岳飞这位抗金将领,社区还在备塘河上建造了一座打铁关

[南宋]岳飞手书诸葛亮《出师表》碑刻局部

历史文化陈列馆。陈列馆入口系两扇宋朝钱币外形的大门,是不是在提醒我们岳飞所说的"文官不爱钱,武将不怕死,则天下太平"的古训?岳飞的古铜像端庄而威严地屹立在二楼的陈列厅内,审视着大家。馆内的陈列有仿岳家军当时使用的打铁工具、铁制农具、十八般兵器等,还有岳飞手稿、图像及后世伟人对岳飞评价的一些资料,虽是杂陈,总归代表了一种民间信仰。

所谓的历史人文风景,也就是这般构成的。

品韵文晖：从宋代说起

03
南宋官园：南宋皇城的"菜篮子工程"

秦桧的老婆王氏有一日进宫去和高宗的生母韦太后闲聊。两个女人谈天，总离不开一些吃的话题。韦太后喜欢吃鱼，偶然说起"近日子鱼大者绝少"，王氏想也没多想，就说"妾家有之，当以百尾进"。

王氏是北宋宰相王珪的孙女，与大词人李清照是表姐妹，也算是有见识的世家了。而且这个女人颇工心术，当年东窗之下一句"缚虎容易纵虎难"就唆使得秦桧下决心杀害了岳飞，所以在今天的岳庙里她也被铸成铁像跪在岳飞墓前。这么一个有心计的女人，不知怎么的，这一回却大大咧咧地随口说出这么一句话来。

王氏自己还没有意识到，等回家后对老公一说，秦老贼就怪她失言闯祸了：皇宫里都没有的东西，居然说自己家多的是！还出手大方，动辄说"以百尾进"，这不是在挑战皇家权威吗？

那么，韦太后所说的"子鱼"又是一种什么鱼呢？

子鱼就是鲻鱼。鲻鱼属洄游性鱼类，喜欢生活在浅海、内湾或河口水域。旧时，鲻鱼有"鲥舅"之称，言其味若鲥鱼。这种鱼肉质厚，味鲜美，而且无细骨,鱼肉香醇而不腻,特别是冬至前的鲻鱼,鱼体最为丰满,腹背皆腴,特别肥美。《开宝本草》记载说鲻鱼:"主开胃,通利五脏,久食令人肥健。"怪不得韦太后记挂着想吃鲻鱼。

但是,连皇家都搞不到的大鲻鱼在你们秦府却如过江之鲫,那岂不是招忌吗?秦桧想了想,只好来"做圆"这套说辞了:

第二天他让人往宫里送去一百尾青鱼。

文晖大桥

韦太后看后拊掌大笑:"秦桧老婆是个村婆子,没有见识,这个是再寻常不过的青鱼,不是子鱼呀!我说呢,连我们宫中都搞不到大的子鱼,他们秦家又怎么能搞得到呢?"

秦桧就这样装了回傻,让自己远离了一场灾祸,毕竟他是一个老奸巨猾的权臣啊!

这件事记载在宋人的笔记《鹤林玉露》里。

那么，现在的问题来了：秦桧家的那些大鲻鱼又是从何而来的呢？

多半是从艮山门外的姚店桥鱼市里来。

南宋的皇城布局比较特殊，是一种"南宫北市"的格局，皇宫在南，民居在北。在市集功能上，又分为"东菜西水，南柴北米"。艮山门位于皇城的东北角，艮山门外就是南宋居民的"菜篮子"，其中蔬菜供应主要在三里亭，而城外的最大水产市场就是姚店桥鱼市。姚店桥位于艮山门东北，离城约三里，是一个渔舟泊集的市镇。

今天的文晖大桥旁，紧贴铁路边有条南北向的尧典桥路，路边一条河，沿河北去，就有一座地以桥名的"尧典桥"，在三里家园西侧。其实，该桥的真名应该叫"姚店桥"。南宋《咸淳临安志》有记载："姚店桥……并城东郑家园后。"到明清甚至民国初年，这里一直叫"姚店桥"，后来不知怎么就讹传为"尧典桥"了。不知内里的人以为"尧典桥"这个名字应该更有古意，但事实却恰恰相反，从前它就叫"姚店桥"。

姚店桥的外形有点儿像坝子桥，也是三孔拱形亭桥，桥亭飞檐翘角，气势雄伟。当然，与坝子桥相比要略小些。桥东南有货运专用的船埠头，河两侧都是人家。站在桥头远远望去，镇中一条丁字街，与笕桥老街极为相似。姚店桥一带从南宋开始就是艮山门外的一大农贸集市，因为靠近艮山水门，水路便捷，所以，姚店桥的集市以鱼市为主。每天晚上二三更时，周边的渔民就撑着渔船，点着船火儿，将捕到的鱼成筐成筐运来交易。临安城里大部分的水产都要经过这里，从这里再批发到城内的甘露

第二品 风情

亭鱼市、凤山门鱼市等市场。据《艮山杂志》载:"(姚店桥)在翁塔桥北桥岸,辏成小市,河道中渔舟骈集,入夜灯火交映,颇成胜瞩。"

那么,既然有鱼市,为什么宫里却采购不到大的鲻鱼呢?这就牵涉到宋代商业经营的一个重要特点——牙人制度了。

《水浒传》里说到一个故事:宋江、戴宗和李逵到江州的酒楼去喝酒,宋江想吃鱼,酒楼却没有新鲜的鱼,酒保说:"今日的活鱼,还在船内,等鱼牙主人不来,未曾敢卖动,因此未有好鲜鱼。"李逵不信邪,跑到鱼市上去买。没想到,鱼市的摊贩们面前摆着大筐小筐的鱼,却就是不肯卖,说是"牙人"还没来!牙人是谁?这个鱼市的牙人就是浪里白跳张顺。李逵也不是一个讲理的人,当时就要强买,于是,就有了"黑旋风斗浪里白跳"这一节。

那么,宋朝的牙人究竟是个什么组织呢?为什么牙人不到,鱼贩子就不敢擅自做生意呢?牙人其实就是经纪人,宋朝商业发达,各行各业都有了自己的行业组织,称为牙会,牙会里有大大小小的牙人。货物进入市场,要由牙人首先接洽,定下个大致的价格,然后才可以开始买卖。这是宋代商业经营的一个重要特点。比如南宋的时候,家住杭州九里松的一个姓陈的老头儿,是专门成批贩卖泥鳅的大业主,垄断了杭州城里的泥鳅市场,洪迈的《夷坚志》支甲卷四专门有一节《九里松鳅鱼》记载,说是:"凡自余杭门入者,悉经其手,乃敢售。"这个"九里松"不是今天通往灵隐的九里松,而是在艮山门外的蔡官人塘河,有《梦粱录》"城内外河"一节为证:"蔡官人塘河,在艮山门外九里松塘姚斗门,通河衖店、汤镇、赭山。"文中所说的"姚斗门"也就是姚店桥——你看，在宋朝做一个牙人，做一个经纪人，就有这么大的权威！

姚店桥鱼市的鲻鱼牙人恐怕是跟秦府管事的相熟，秉着"县官不如现管"的原则，既然秦相爷权势炙人，先拍了马屁再说，就把大的鲻鱼都提供给了相府，没想到连皇宫里都采购不到了。

在今人的印象中，鲻鱼是只有钱塘江才有的，所以又称钱塘江鲻鱼。其实，在古代的时候，杭州城里的东河、五里塘河也是有鲻鱼踪影的，清《乾隆仁和县志》里还有记载，说有人于仲春时节在东河里捕捉一寸长的鲻鱼苗，放在池塘养到秋天就有一尺许。可见，鲻鱼其实还是有的，只不过，那段时间都被秦相爷垄断了而已。

从《鹤林玉露》记载的故事来看，秦桧肯定也发现他已经"垄断"出问题了，所以，想必再过几天，姚店桥鱼市里就会有大的鲻鱼上市，韦太后也一定能吃上真正新鲜美味的"子鱼"而不是"青鱼"了。

姚店桥鱼市里当然不只卖钱塘江和东河里的水产，浙江乃通江渡海之津道，而杭州左江右湖，又是南宋的"行在"，温台宁绍各地鱼牙贩子都要向京师供应，再加上宋代人工养鱼开始推广，临安城的水产资源十分丰富。《梦粱录》记载的"虫鱼之品"就有鲤、黄颡、白颊、石首（大黄鱼）、鲚、白鱼、鲥、鲈、鲢、鳗及虾、螃蟹等数十种之多，除了新鲜水产外还有鱼鲞，"有团（鱼行）招客旅，鲞鱼聚集于此，城内外鲞铺，不下一二百余家，皆就此上行合摝（批发）"。

作为杭州城外最大的鱼市场，姚店桥鱼市的"船火儿"一直到清末民初还是很兴旺的。事实上,姚店桥、三里亭一带向来就是杭州的"菜篮子",从南宋时期开始就被称为"官园"。据今人考证,官园的范围西至流水桥东(今绍兴路以东),北至今东新园小区以南,东北至今杨家社区(原杨家村)以南,东至原弄口村六组(今浙江省农科院南门以西),有耕地六千余亩。

而三里亭的地名得名则跟古代的驿传制度有关。

按照宋朝的道路交通法规,各州府通往临安行在都修有官道,这些道路由政府出资修筑并维护,道路两旁栽种榆、柳、松、杉等树木,有些路段还挖有排水沟。官道上标记了道路里程、国界、州县界或其他交通规则的路标,叫堠子,类似于现代公路上的提示牌。通常官道上二十里置马铺,有歇马亭,就好比休息区;六十里设驿站,驿站有"饩给",也就是后勤保障供应,专门用于接待公使和来往官员。至于短途,则在这些官道驿路上每隔十里建一长亭,五里一短亭,以长亭短亭计程,"以距艮山门三里立名",就叫了"三里亭"。三里亭附近古地名有闻王庙、下菩萨、姚店桥、官园路、鸭舍桥、月居庵等,这些地名的历史均可上溯到南宋乃至更早的朝代。

南宋官园与南宋官窑仅一字之差,官窑在杭州无人不晓,而官园却无人关注。据方志记载,城东历史上有"均一方古迹之最"的石龛迹、郑家园、蔡官人塘、官园、吴知阁园、防风庙等景观,其中的石龛迹、官园位于三里亭一带,东郊的母亲河——蔡官人塘河也流经官园。

宋室南迁后,杭州逐渐成为一座百万人口以上的大城市。为满足市民的衣食住行需求，各行各业势必跟着发展起来，于是在城东一带，就有了大片的蔬菜基地，"东门绝无民居，弥望皆菜圃"。所谓的"南宋官园"其实就是南宋官方的菜园子。因为艮山门外多菜农，临安的城市格局就有了"东门菜"的定位。《艮山杂志》云："宋有官园，在城东鸭舍、猪坊等桥边……杭城东产菜最美，见称宋人，此官园定是南宋掌供菜茹之所，其猪坊、鸭舍，当亦被官令畜收猪鸭，以备祭祀、交聘之采取者。"

文内的"鸭舍桥""猪坊桥"从地理位置判断估计就是后来的"岳帅桥""朱芳桥"，南宋《咸淳临安志》云："猪坊桥，城东官园里金家村；鸭舍桥，城东官园里……"据传是后人借其谐音改了更加雅致的地名。只可惜2013年旧城改造，西通东新路的这两座老桥就此消失了。

官园里的蔬菜当然也是品种繁多：当家品种是萝卜，据《杭州府志》记载，有百山萝卜、象牙萝卜、山萝卜、苏州儿（青萝卜）、胡萝卜等，大的称萝卜，小的称蔓菁、土酥、芦菔。黑豆、黄豆、白豆、赤豆、绿豆、泥豆、豌豆，豆类不仅是临安市民喜爱的菜肴，其中的黄豆也是做豆腐的原料，南宋诗人杨万里还特地写了一篇《豆卢子柔传》，以拟人的笔法，介绍了豆腐的身世。宋代以豆腐为主料的菜肴已成为宋人常肴，朱熹也曾作豆腐诗："种豆豆苗稀，力竭心已腐。早知淮王术，安坐获泉布。"官园里也有专门的豆腐作坊。笋当然也是一年四季的常供，春笋、鞭笋、山笋、冬笋，南宋人把笋称为"傍林鲜"（见林洪《山家清供》），杭帮菜更是"一日不可无笋"。茭白古称"菰"，其茭米须在"霜雕"时采摘，故又称雕菰，或讹为雕胡，宋人还以此做饭，称雕胡饭。栗子也是杭州的特产，南宋时它与梅、杏、李、桃合称"五果"。不过，宋人的栗子多以冷盘作佐酒菜肴，宋人《本草衍义》还特别关照："小儿不可多食。生者难化，熟者滞气，隔食生虫，往往致小儿病。"各种菌菇在官园里也颇受欢迎，宋代山村流行的风味菜肴以嫩笋、小蕈、枸杞头为"山家三脆"，比之为"人间玉食"，故民间有用此三料作为汤面（宋人称汤饼）的浇头，供奉父母。芋艿在宋代的农村普遍栽种，芋艿的食法已有煨、煮、煎等多种方法，既可当菜又可充饭，在明代番薯引进之前，芋艿就是宋人的重要主食。至于油菜、白菜、黄瓜等各类蔬菜，那更是应有尽有。比较值得一说的是茄子，茄子是在宋代刚刚培育出来的新品种，所以价格比较昂贵，一对时鲜的茄子拿到和宁门外的宫廷菜场去要卖到十几贯钱，连大诗人陆游都咋舌了，官园里的茄子当然不用这么贵，但也不会便宜到哪里去。据《东京梦华录》记载："……其岁时瓜果蔬茄新上市，并茄瓠之类，新出每对可直三五十钱，诸客纷争以贵价取之。"可见宋时的东京人和现在的杭州人也没啥两样，都讲究时令，喜欢尝鲜，一旦看到刚上市的时鲜菜，就会争抢起来。

三里亭的金狮弄，直至明清时期仍是城东的"酒曲之乡"，城东《俗事诗》有诗："孩儿蛏嫩钓盈筐，童子鱼鲜一尺长。好认金狮沽玉醴，更来白石（今笕桥白石社区）买黄羊。"

《艮山杂志》记载："杭城东产菜最美见称，是官园，乃南宋掌供菜茹之所。"官园的历史随着南宋的灭亡也就结束了，但三里亭一带作为杭城"菜篮子"的使命却得以赓续,"东门菜"的城市格局一直到清末民初仍没有太大变化。随着城市的扩大,杭城东郊的四季青、笕桥、彭埠等逐渐取代了三里亭,成为新的"菜篮子"。

而三里亭的"菜篮子基因"却直到20世纪80年代还得以保留。1985年,三里亭地块开办蔬菜交易市场,成为全省规模最大、设施最完善、交易量最多的国家级蔬菜市场。一时间,杭州人买菜都往三里亭拥,当然,其中没有几个人知道,这里原先就曾经是"南宋官园"。

说起20世纪80年代,那真是三里亭的又一个辉煌时期。

当时的机场路、石桥路与德胜中路相交处,从三里亭到农都,车水马龙,人头攒动。夜间望去一片灯火通明,整个市场二十四小时不间断三班倒,一整天都忙得不可开交。大量的农副产品不仅满足本地需求,还源源不断运往外地,形成海南、广东、福建等二十多个省市的销售圈。市场内不仅有古书记载中的"杭之日用"菜:玉环菜、道人菜、甘露子、苔心菜、矮黄、大白头、小白头、芥菜、菠菜、莴苣、葱、韭、薤、紫茄、梢瓜、黄瓜、葫芦、牛蒡、茭白、蕨菜、萝卜、水芹、姜芽、芦笋、鸡头菜、藕条菜、芋艿……更有琳琅满目的外地和新引进的国外蔬菜品种,该市场的功能和涉及范围,更是南宋官园所不能比拟了。

但是,城市发展的步伐却比三里亭跑得更快,2008年4月30日该市场全部关闭,迁至勾庄。现代版的三里亭"官园"也消失了。

04 流水苑：杨再兴遇见"天仙配"

也许是因为身处南宋故都的缘故吧，杭州的老百姓对发生在南宋时期的那桩最大的冤狱刻骨铭心，民间对岳飞和岳家军的纪念从未停止。除了栖霞岭山麓的岳王庙和山腰的牛皋墓，还有复兴街的供奉张宪的大资福庙。而在艮山门流水西苑的北面也有一处杨墅庙，祭祀的是杨再兴。

流水西苑的东北角有一棵二百七十多年树龄的香樟树，1996年杭州市园林文物局将其列为三级保护古树名木，并在树下立碑纪念。相传，这棵大樟树的北面以前是一座寺庙，叫杨神庙，又称杨墅庙，始建于南宋，1950年修建朝晖路时拆除了。

其实，南宋历史上叫"杨再兴"的一共有四位：

一位是南宋绍兴年间湖南新宁的苗族农民起义领袖，他显然跟杭州没有关系。一位是山西太原的铁枪杨再兴，系杨家将的后人，绍兴十八年（1148年），曾领兵北上克复太原至汾州等府，封河东路节度使、武宁军节度使等职，食邑五百户。这位杨再兴的抗金时间是在岳飞死后（1142年后），且他也未战死，显然非岳家军统制杨再兴。

第三位是江西吉水的杨再兴，因战乱随宋廷迁入临安，从此就做了杭州人。从两浙转运使黄黼替杨再兴长兄杨璿所撰的墓志铭来看，这位杨再兴系南宋著名抗金英烈杨邦乂的第三子。杨邦乂曾任建康通判，建炎三年（1129年），金兵取建康，邦乂被俘，血书"宁作赵氏鬼，不为他邦臣"，宁死不降，被完颜宗弼（金兀术）剖腹取心，惨遭杀害。绍兴庚申（1140年），杨再兴为父报仇从岳飞北伐抗金，只可惜未几就战死。父子两代英烈，但铭文对他的叙述却仅寥寥数行，语焉不详。其年岁、名气远小于名将杨再兴，实为岳家军中十几岁的少年兵。宋末元初的"儒林四杰"之一虞集与杨邦乂五世侄孙庐陵人杨拱辰为好友，他在《道园学古录》的《跋宋高宗亲札赐岳飞》一文中写道："（岳）飞之裨将杨再兴，则邦乂之子也。"此跋所作年代早于元代脱脱编写《宋史》十多年，证实杨璿墓志铭中关于杨再兴的记载是正确的。吉水杨再兴也是在岳飞军中抗金战死，极易被误为《宋史》中的名将杨再兴，但这位牺牲了的裨将杨再兴却没有小商桥之类的事迹。

打铁关附近的杨再兴雕像

第四位就是岳家军的统制官杨再兴了。这位杨再兴系河南相州汤阴人，与岳飞同乡，初为曹成手下部将。曹成原系宗泽收编的北方武装，宗泽死后沦为流寇。岳飞奉命去镇压，杨再兴曾在战场上杀死了岳飞的弟弟岳翻。岳飞爱惜人才，不计前嫌收服了他，并举荐他为统制官，从此杨再兴成为岳家军的一员悍将。绍兴十年（1140年），金兵十二万屯河南临颖，杨再兴率三百骑兵遇敌于小商桥，力战杀敌两千，再兴不幸战死，"后获其尸焚之，得箭镞二升"。这就是南宋著名抗金名将杨再兴，系岳飞有关的演义、戏剧、评书中杨再兴之原型，知名度最高。不过，他其实没有显赫的出身，跟杨家将更是没有半点儿关系。这位杨再兴战死二百年后，元朝脱脱丞相在《宋史》中为他立传。杨再兴的墓位于河南省临颖县小商桥村东，这里就是他力战阵亡的地方。

杨再兴的故事被广泛传播有赖于《说岳全书》一书。在小说中，这位神勇的将军不仅被赋予了高贵的出身（杨令公之后），而且在小校场比武的少年时代就与岳飞有了一面之交，长大后在岳家军中独当一面，所向无敌，直到在小商桥英勇战死。小说对他的塑造深入人心，以至于杨再兴成为岳飞之外的又一个"战神"的化身。

20世纪80年代初，广播里正热播着著名评书艺术家单田芳的《岳飞传》。刚读初中的我随着只长我六岁的表舅华平到彭埠市集，在一家百货商店里看到一套《说岳全传》。彼时图书还未专营，百货店也往往兼卖些许图书，有小孩的连环画，也有大人的书籍。这套《说岳全传》是上海古籍出版社的八十回本，上下两册，浅蓝封面，内有张大千弟子董天野的插图，售价一块九毛。一见到这套书我当即爱不释手，倾尽所有零花钱买下了这套书。舅甥两人从彭埠坐8路公交车回城，就在车子上贪婪地读了起来。车到艮山门终点站，由于读得太过专注，竟忘了下车，还被已经开始打扫车厢卫生的司机训斥了几句赶了下来。此情此景，还历历在目，巧合的是，这也是发生在艮山门8路公交站的故事。

20世纪80年代此处当然已经没有了杨墅庙。据说这座庙是南宋理宗景定年间（1260—1264）建的，就在今天流水东苑的位置，元明清三代均香火旺盛，远近的人都赶来拜祭，以至于在艮山村还建有别庙。后来在动乱年代，很多庙都被拆毁，杨墅庙也就不复存在。

那么，艮山门外的杨墅庙究竟供奉的是哪位杨再兴呢？因庙已不存，我们无法作实物的鉴别，只好从文字资料上来作考量。

前文所述的四位杨再兴中，第一、二两位基本可以排除，因为与杭州关系不大。第三位也系抗金阵亡，且其家族已经移居杭州，有没有可能是他呢？这种可能性虽然也有，但微乎其微，一则，这位少年杨再兴功业不显，未必够得上立庙的资格；二则，即使其家族要替他立庙，恐怕也会跟其父杨邦乂一起合祀，而不会独立祭祀他。看来，艮山门外的杨墅庙祭祀的应该就是小商桥的英雄杨再兴。

那么，杨再兴跟杭州有什么关系呢？大资福庙供奉张宪是因为张宪是在杭州被杀害的；历史上的牛皋也是在仁和县（今杭州）被秦桧党羽、都统制田师中以宴请各路大将为名用毒酒毒死，死后葬于栖霞岭剑门关紫云洞口的。杨再兴作为前线将领，甚至可能都没有来过京城临安，那么，杭州为什么要供奉杨再兴呢？

据现有的资料表明，相传在宋景定年间，人们是在其子弟寓居之所杨墅建庙纪念,所谓"杨墅"就是杨氏子弟聚居的宅第。那么问题来了,小商桥英雄杨再兴有后人在杭州吗?从河南汤阴杨再兴老家反馈的情况来看,杨再兴的后人并没有迁入杭州的一支,杨墅居住的又是哪一支杨氏呢?比较合理的解释是:杨墅居住的其实是杨邦乂的后人,正好杨邦乂也有一个儿子叫杨再兴,而且也是在岳家军里抗金牺牲的,杭州人出于对英雄的崇敬,混淆了这两个杨再兴,而杨邦乂的后人传至宋理宗时代也已经搞不清祖先的真实情况,或者是即使清楚却也默许了将祖先作为这样一种民间英雄崇拜的对象。所以,杨墅庙里供奉的其实是两位杨再兴的"合体"。

杨墅庙历经宋元明清,一直在艮山门一带香火不断,到了清代更受到当地群众的膜拜,这里面有一种解释:

杨再兴的威名在某种程度上是由于演义小说《说岳全传》的推广而家喻户晓的,而《说岳全传》的作者钱彩就是清康熙年间的浙江仁和人(今杭州)。杭州旧时分仁和、钱塘两县,地处杭州东北角的艮山门、流水桥一带一直在仁和县境内。钱彩的生卒年份和生平现均已不详,会不会他就是住在艮山门这一带呢?这当然只是一种猜测,还有待进一步的考证。

岳飞和岳家军的故事被广泛传颂已有几百年了。据现有资料,早在南宋末年,岳家军的事迹就成为说话艺人说"新话"的内容。咸淳年间(1265—1274)的王六大夫,就是以演说岳飞和其他中兴将领的故事而著称的。元朝立国之后,岳飞依然为人们所景仰,他的故事也被搬上戏剧舞台,现在所知的元杂剧中,就有孔文卿的《地藏王证东窗事犯》、金仁杰的《秦太师东窗事犯》和无名氏的《宋大将岳飞精忠》等几种。到了明代，岳飞和岳家军更成了戏曲家、小说家所热情讴歌的对象，写于成化年间（1465—1487）的《精忠记》传奇，长达三十五出，故事情节比起之前的岳家军故事有了很大的发展。以后陈衷脉作《金牌记》，汤子垂作《续精忠》，吴玉虹作《翻精忠》甚至大做"翻案"文章，直言岳飞北伐成功、秦桧受显戮等。在小说方面，现在看到的最早的一部是熊大木编的

打铁关碑廊下的壁画《铁浮陀》

《大宋中兴通俗演义》，又题《大宋演义中兴英烈传》，后改题《武穆精忠传》，刊行于明嘉靖三十一年（1552 年）；又有明崇祯年间（1628—1644）于华玉的《重订按鉴通俗演义精忠传》；直到清初又出现了《说岳全传》，算是将岳家军包括杨再兴的故事作了定型。

《说岳全传》全称《精忠演义说本岳王全传》，题"仁和钱彩锦文氏编次""永福金丰大有氏增订"，只可惜钱、金二人的生平均不详，看来倒

是为后人留下了研究的课题。

作为杭州最北面的一座城门,艮山门既寄托着南宋君臣的故国之思,也寄托着南宋百姓北望中原希图恢复的豪情壮志,所以,在这一带有诸多与岳家军相关的传说与遗存:打铁关、岳帅桥、杨墅庙、岳营巷、岳武弄以及传说中岳飞练兵的指挥台白兔墩……总是一片丹心哪!

颇有些"混搭风格"的是,在杨墅庙的东边,不出数十步,旧时有

打铁关历史文化陈列馆外的雕刻《天仙配》

一个土谷祠。与阿 Q 寄住的未庄土谷祠不同,流水苑的土谷祠叫"天仙庙",传说所祭之人为董永与七仙女。

董永在历史上是实有其人的,这位汉朝的大孝子少年丧母,与父亲相依为命。董永稍长就下田劳动,赡养父亲,因家贫经常帮人打工谋生。农活忙时,他常用小车推着多病的父亲到田头树荫下,边做农活边照顾董公。后来,董公病故,董永因家中贫困,无钱安葬父亲,就去卖身为奴,

得钱葬父。董永的故事被列入"二十四孝",广为传颂,为这个故事增添了一抹浪漫色彩的是七仙女的加入。传说,董永的至孝感动了上天,玉帝的第七个女儿偷偷下凡,与他共结连理,上演了一出"树上的鸟儿成双对,绿水青山带笑颜"的人间悲喜剧。有一种说法,这位七仙女在天上的身份是"织女",之所以在艮山门流水桥一带会有这么一座"天仙庙",恐怕跟这一带丝织业的发达也是分不开的。

天仙庙也建于南宋理宗景定年间,这说明董永与七仙女的故事早在南宋时期已经在艮山门一带广泛流传了,以至于当地百姓已到了有必要立庙祭祀的需求。《天仙配》的故事发生在杭州艮山门流水桥一带,亦存这样一说。而"白蛇传""梁祝"的故事也都发生在杭州,"三大爱情传说"都跟杭州有缘,杭州倒也真成了民间文学的发源地、名副其实的"爱情之都"了。

据说,杨墅庙与天仙庙还曾在清代合并祭祀过,翟灏的《艮山杂志》中就有一段两庙合祀的史载:"杨君集矢于骨,史之说信而有徵至;天仙降事,近于不径,而世祀不绝,此可见忠孝之感人心,而迹之显晦平奇皆可不论也。"艮山临江乡人翟灏也知道董永与七仙女之事扑朔迷离,实为传说,不可与历史人物杨再兴同日而语,不过董永的孝心,却还是为百姓所称道。几百年来,两庙屡毁屡建,香火一直不断,也可见老百姓敬忠尊孝,自是传统。

如今,杨墅庙和天仙庙均已不复存在,天仙庙倒是演绎成了地名,位于流水东苑社区流水桥东一带,足见忠孝的传统总还是代代相传的。

05 药师院、财神亭,居然还有妈祖庙

从前的艮山门 8 路公交车旁边,有一处基督教下城区艮山聚会点,我的一个中学同学就住在那里,所以,我以前经常去玩,没想到,在过去,它居然是一个药师禅院。

这个药师禅院的历史可以上溯到明末清初,而且还跟杭州著名的高僧、净土宗第八祖的莲池祩宏大师有关。

所谓净土宗,亦称"莲宗",也就是专念"阿弥陀佛"佛号,引导修行者往生西方极乐净土的教派。杭州在历史上一度是净土宗传播的中心。在"中国净土十三祖"中,自五代时杭州永明寺的延寿大师被奉为第六祖后,宋朝杭州昭庆寺的省常大师又被奉为第七祖,明朝杭州云栖寺的莲池大师是第八祖,清初天目灵峰的蕅益大师是第九祖,杭州梵天寺的省庵大师被奉为第十一祖,杭州的高僧就占了五席。

莲池大师俗名沈祩宏,是个地地道道的杭州人。祩宏自小聪明,十七岁就考取秀才。但当祩宏到了二十七岁,之后数年家中却连遭不幸,先是慈父因病去世,接着爱子夭折,然后是爱妻病故,三十一岁时慈母辞世。

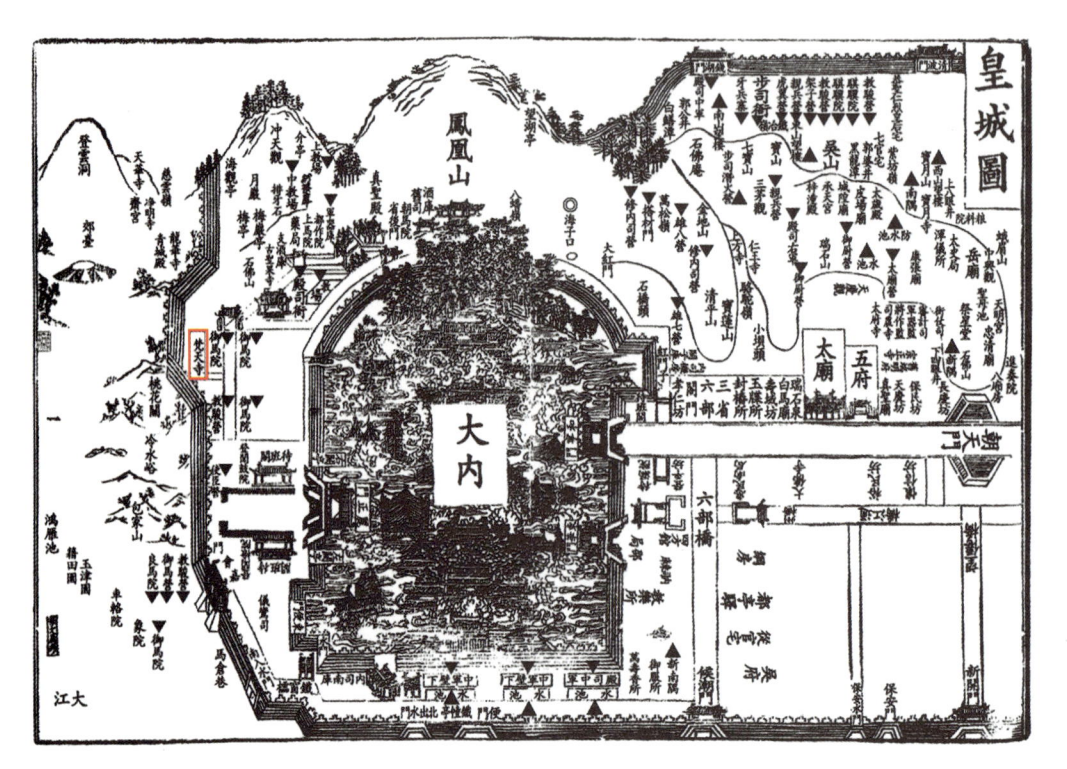

《咸淳临安志·皇城图》（图为姜青青《〈咸淳临安志〉宋版"京城四图"复原研究》中的复原图，红框里为梵天寺）

他深感人生无常，于嘉靖四十五年（1566年）三十二岁时舍俗出家，在昭庆寺受具足戒，自号"莲池"。《西湖拾遗》里专门有一篇"勾七笔高僧证果"，说他出家前写了七首词，把五色封章一笔勾、把鱼水夫妻一笔勾、把桂子兰孙一笔勾、把富贵功名一笔勾、把家余田园一笔勾、把盖世文章一笔勾、把风月情怀一笔勾，从此"踢开世网""自寻出路"。

据说，当时有一个疯僧让袾宏到无门洞里出家。袾宏不知无门洞在哪里，到处乱逛，走到大佛头，过了葛岭，竟至岳坟，便往山后弯弯曲曲地走了半晌，举头一座大山，山上有一洞，洞上一个大匾写着"无门洞"

三字，袾宏就在这个洞里让一位老僧替他剃度出家，然后就出外云游，转益多师，终成一代高僧。莲池大师有一句名言，就叫"老实念佛"。

据清人嵇曾筠编的《浙江通志》记载，艮山门的这座药师禅院就是莲池曾经在此修行的地方，"始莲池袾宏道行精严，远近宗之，其徒懋公得其传，住居此院"。但到了后来，"法嗣一空"，有一些广东籍的商人便出资将禅院改造成了庵堂，繁盛的时候，庵内有比丘尼七十多人。

药师庵占地约两亩，有四进，黑瓦白墙。庵内供奉的是药师佛，也即东方净琉璃世界之教主。据说，若有人生病患疾，则可求药师佛垂怜。旧时医药学技术不发达，患者只能寄希望于迷信，所以，这间药师庵香火旺盛，远近闻名。

庵前原有池塘，呈长条形，状若长河，多种青莲，中有小岛，有亭翼然其上，边上均为菜地，附近居民皆可耕种。

我生亦晚，当然是没有看到过这个药师庵的样子了，只能凭记载作

［宋］张择端《清明上河图》中京郊的一座大寺院

些了解。杭州号称"东南佛国",城内寺庙建筑原有不少,艮山一带更是以庙宇多而著称,比较有名的除了药师庵外还有一座财神亭。

别处多为财神建庙,而此处偏偏是一座亭子。而且艮山上的财神亭是唯一一处专祀财神之亭,因其同时供奉五个财神,故拜奉之人甚多,香火常年旺盛。

据《杭州运河遗韵》一书记载,此亭坐西朝东,西面是泥墙,在一张高约一米的长形供桌上摆有五尊财神像,分别是文财神、武财神、义财神、富财神和偏财神。来这里拜神,无须逐一拜奉,因五位财神各司其职,人们可以根据自己的愿望,有所选择地拜祭。

文财神据说是商朝的忠臣比干,他被残暴的商纣王挖心,天帝怜其忠贞,又因其无心而不偏私,所以封为"财神";武财神、义财神分别是大家熟悉的赵公明和关云长;富财神则是元末明初的大富翁沈万三,据说他有一个聚宝盆,可以生金银财宝;偏财神又叫土地财神或大伯公,他有五个手下,分为东西南北中五路财神,掌管各区。偏财神不管你是正是邪、是富是贫,均为你尽量争取。五财神中,其他四位皆为天仙,唯有偏财神为地仙,故要求财利各事,受天神分配之后,都交由其管理,最后才交到人们手中,所以此神分布最广。

财神亭的其他三面由柱子支撑,南北两侧有石头质地的长凳供休憩之用,当地居民农户常聚于此。亭子结构非常朴实,为攒尖顶,却无飞檐翘出。塑像的外形虽有几分俗艳,外涂有金漆,但内里却是木制的,甚为简单,这也是民间表达财神信仰最简单的一种方式了。

财神亭的后面就是十八间。旧时,艮山门一带住了很多黄包车夫,因为这里有一间很大的黄包车行,车夫们拉的车都是从这里租借的。所谓十八间,即十八间平房,也就是黄包车夫的宿舍。拉黄包车的当然都是些穷苦的壮年劳力,很多都未娶妻生子,光棍混居一室。纵然已有妻室,往往也不在身边,他们靠体力活为生,早上六七点钟就出发进城,直到晚上天黑才回来,所以十八间对他们而言只是一个安身睡觉的地方而已。财神亭里的众财神与这么一帮穷邻居一起生活,也是艮山上的一则"黑色幽默"。

更让人惊奇的是,艮山门还有一座妈祖庙,就在旧时的城墙旁边,艮山水门的东侧,叫顺济妃庙。

《咸淳临安志》记载:"顺济圣妃庙,在艮山门外。考之庙记,神本莆田林氏女,数著灵异……"据说,这位娘娘叫林默,是福建莆田湄洲屿的一渔家女子,生于宋太祖建隆元年(960年),也就是大宋开国的那一年。生下来后,不知啼哭,所以取名"默"。她的家乡湄洲最早为她建庙,俗称妈祖庙,后来,在沿海各地都有这类妈祖庙,以保佑渔船平安。那么,杭州地处内陆,为什么在艮山门建妈祖庙呢?艮山门的妈祖庙为什么又叫顺济妃庙呢?

说来,这顺济妃的封号还是宋高宗的父亲宋徽宗封的。宋徽宗宣和四年(1122年),通议大夫、礼部侍郎路允迪奉诏出使高丽,搭船至东海,遇到狂风,八舟溺七,唯有路允迪所乘之船安然无恙,福建莆田籍的船员李振说这是湄洲女神显灵。路允迪出使回来后,即上奏朝廷,宋徽宗于次年赐妈祖庙额"顺济",正式列入国家祀典。宋高宗绍兴二十六年(1156年),因"神数显灵异,以郊典,封'灵惠夫人'"。南宋的两位皇帝宋光宗和宋宁宗易爵为妃,"改灵惠妃"。但民间已经"顺济"叫惯了,所以就叫顺济妃庙了。

至于杭州建顺济妃庙的原因,在《咸淳临安志》中有丁伯桂写的《庙记》一文,绘声绘色地讲到神女显灵的经过:绍兴二十九年(1159年),也就是宋高宗立妈祖为"灵惠夫人"的第三年,有海盗前来福建沿海掳掠,正当百姓惊慌失措时,妈祖突然在上空显灵,刮起狂风将海盗船吹得无影无踪。杭州是南宋的行在地,监察御史商份梦到妈祖与之传语,于是就带头建起了祠堂。据说,后来妈祖又不断显灵:宋宁宗开禧北伐的时候,"一战花黡镇,再战紫金山,三战解合肥之围,神以身现云中……凯奏以还";宋理宗嘉熙三年(1239年),钱塘江发大水,潮捣月塘(今沙田畈),淹没了堤内大片田园和民宅,洪水淹到艮山祠(即妈祖庙)前,却无缘无故往后退了,好似有一股神力使水倒流,其时有人指着天空中的红霞惊呼:"娘娘显灵来救灾了!"……凡此种种,不胜枚举。

但到了清乾隆年间,该庙已经破败不堪,幸亏《艮山杂志》的作者翟灏记录下这一城东古迹:"今自元展东城,庙适当水门东偏,殿宇已多截为城基,仅存库屋数椽,复为市廛所隔,出入城人,罕有过而问者。"意思是,元末张士诚向艮山门以东扩展三里后,位于艮山门水门东侧的顺济妃庙,因新的城墙经过该庙的中间,殿宇被冲,大半成了墙基,只剩下几间又低又小的房子,且都被做生意的店铺遮挡,所以,一般进出城门的人已很少有人知道这座庙了。

　　艮山门一带庙多，也是此处民风淳朴的一个佐证。说到底，无论是药师、财神还是妈祖，寄托的都是民间一种朴素的愿望罢了：希望神明保佑一方平安，保佑一方兴盛。

06 五里塘：南宋的"雪窨库"究竟在哪里

据《咸淳临安志》记载，宋时五里塘一带，有一座"行人桥"，在城东五里塘卢家雪窨南面。清代翟灏的《艮山杂志》解释说："雪窨，宋绍兴时藏冰窖也。"

五里塘一带竟然隐藏着南宋的藏冰窖？

事情就得从南宋说起了。

宋室南迁定都杭州后，南方杭州夏日的燠热让北方移民们吃煞苦头，那个时候没有空调、冰箱，就靠几把宫扇送风，真是难为了那些纤手宫娥。

绍兴壬子年（1132年）。这一年的冬天下了好几场大雪，史书上记载说是"大寒屡雪，冰厚数寸"。宫里的内侍们倒是会动脑筋，也懂得未雨绸缪，就按北方的做法，挖了个地窖把这些冰给储存起来了。到了来年，"五月天中节日，天适晴暑，供奉行宫，有司大获犒赏"——五月端午节，有了这些冰块消暑的高宗皇帝心情大悦，对手下人大加犒赏，皆大欢喜。

然而，问题是浙江一带向来少冰雪，这之后，钱塘就"无冰可收"了。

第二品　风情

夏天一如既往燠热，皇帝一如既往苦闷。

其实，当年赵构从镇江过来第一次到杭州时，执政叶梦得是提醒过他的：杭州及江南一带潮湿多雨，盛夏如蒸，非东京可比。

东京汴梁当然也有暑热的天气，只是没有杭州这般漫长，也没有像杭州那般湿热难耐、蒸闷难受。况且，北宋朝廷原有专门负责藏冰的部门叫"冰井务"，在冬天储藏冰块，夏天拿出来用。冰块的用途主要是三个方面：一是在宗庙祭祀活动中保持祭品的新鲜，否则就是对祖宗与神明的大不敬了；二是用在皇帝、嫔妃、皇子、公主们的生活消费上，避暑消夏喝碗冰镇饮料之类的；三是用于酷暑时的朝堂降温，尤其是邦交活动中，总不能叫那些穿着毡袍的北国使者们在朝堂上汗流浃背吧？除此之外，对那些亲信大臣，也用于奖励，以表彰他们挥汗工作、高温作业。

但南宋朝廷就有些不一样了，宋高宗一路逃亡过来，很多机构都还来不及组建，有些后勤部门也都精简掉了，"冰井务"就在裁撤之列了。

现在看来，这机构改革搞得实在有些冒失。就像我们现在讲"有困难找警察"一样，赵构当时想的是"有困难找军队"，于是，就把"冰井务"的任务转嫁给了"三衙"：殿前都指挥使司、侍卫亲军马军都指挥使司、侍卫亲军步军都指挥使司。这"三衙"归属枢密院，都是掌管禁军的部门。现在宋金和谈已经达成，与敌国的矛盾已经缓解，皇帝也安居下来，保卫皇帝的任务也大大减轻，闲着也是闲着，就兼职去修几个冰窖，替皇帝解决一下酷热难耐的问题吧。好在这些部门的负责人也大多是从北方来的，干这些活儿多少有些经验，事情就这么定下来了。

冰窖的问题好解决,几万名禁军哪怕一人掘一锄,也都成了;问题还是冰雪的来源,这老天爷要是不下雪,你哪里去搞藏冰?

不过,让宫里内侍愁眉苦脸的事情,显然就难不倒"三衙"的官员了:咱禁军的管辖地有多广呀?杭州不下雪,难道其他地方也不下雪吗?到时候,来个"北冰南调"不就行了吗?

哎,你还别说!还没等"三衙"要求各地部队做好冬季藏冰及北冰南调工作,部队里早有人想到了。谁呀?韩世忠。

韩世忠名世忠,对皇帝的忠诚当然是出了名的。皇帝现在热得不行,老韩也感同身受,心里不好过,恨不得替皇帝分忧。韩世忠驻防的地方是镇江,地理上比杭州靠北,只要白娘子不去金山寺捣乱,每年下几场大雪是笃定的。别看老韩口口声声称自己是个粗人,他的心可细着呢!韩世忠老早就让人储藏了大量的冰块,藏在哪里呢?地方都是现成的:镇江西北不远的建康府(今南京)曾经是官家驻跸过的,那里有座行宫,行宫里是有冰窖的。另外,安抚司和都统司的几个冰窖都在城北门外,防江军的冰窖在鸡笼山之侧,这么大的库存量难道还怕不够?

好了,藏冰找到了,库存量也足够大,现在的问题是"包邮"了。这

德胜桥附近的韩世忠雕像

个对于军队来说简直就不是问题。换了今天,可以派飞机直达或让车队运输,虽然韩世忠手里既没有飞机也没有汽车,但他有水军、有船队!老韩虽然是陕西绥德的北方汉子,但对于水军指挥、舰船运用还是极有心得的。想当年,"苗刘兵变",正是他从平江府(今苏州)率兵沿运河直下杭州,以水军破敌进德胜门,解救了宋高宗;黄天荡一役,更是以八千水军围困金兀术十万大军。所以,韩世忠搞水运,那叫小菜一碟。

于是,韩世忠开辟了一条水上运冰"特快专递"通道:调派的水军船头都插上"运冰船"的旗帜,作为开道警示,让过往船只避让。同时,也是把这篇孝敬皇帝的文章做足,让世人都知道我韩世忠有多忠!

"进冰船"均挑选水军健士掌舵划桨,所有行程都跟赛龙舟一样,沿着运河昼夜兼程,遇到水闸也早早知会当地守军,由健士牵挽过闸。这么一来,韩世忠送清凉的"特快专递"居然比驿马运输还快,而且船载的货物还比车载马驮多得多。

对于韩世忠的一片忠心,高宗皇帝龙颜大悦。吃一口红豆沙,喝一碗冰镇银耳,那可真叫清清凉,透心凉,彻底爽歪歪了!

这下供冰有了保证,韩世忠的部队兼职承担了"冰井务"的一部分工作,接下来的关键是做好接收和储藏工作了。临安府的官员哪里还敢怠慢,立刻行文下辖各县,要求做好地窖制作和冬季储藏冰块的工作。

他们聘请深谙冰窖营造技法的北方人作为工程师,并按照工程师的指导,每当要建冰窖时,往往会先用一把大火烧出一块地。之所以用火烧,一方面是清空场地,好施工作业;另一方面也是为了保证场地干燥,便于今后储藏。然后,就建起了一座座密闭不透风的藏冰地窖。史书上记载说:"烧地作窨,临安府委诸县皆藏。"后来,营造法式不断升级换代,还出现了"雪窨",藏冰之外,还可以藏雪,甚至可以冷藏酒水和蔗梨橘柚之类的水果。长久冷藏的水果在夏天取出食用时,居然还色泽光鲜、灿然如新。

现在我们明白了,南宋的皇宫冰窨库就叫"雪窨"。那么,五里塘的雪窨是不是南宋的皇宫冰库呢?

根据《咸淳临安志·浙江图》上的"雪窨库",可见图上这个地名靠近皇城大内"南入水门"。可见此处囤藏的冰雪或冷藏物,能够随时直供皇宫的需要。而五里塘地处城东,距离皇宫毕竟还有好长一段路,取冰也不方便呀,它会是皇室"雪窨"所在地吗?

我后来从周应合的《景定建康志》中发现,当时临安府的雪窨一共有四所,与仓场、药局等并载,并提及"坐落城北门外"。据此五里塘的雪窨应是这四所之一,而且也是我们今天唯一能搞清确切方位的雪窨所在地。

之所以在城东的五里塘设一个雪窨,可能就是考虑到"南宋官园"在这附近,城东一带是蔬菜生产、供应和副食品供应的基地。这样看来,藏冰倒也不仅仅是为皇家专用,而是普遍提升了"行在"临安府人民的生活质量。

据各类史料记载,杭州从此有了专门供应夏日冷饮的"饮子店",卖"冰雪、酥山、凉浆、熟水、渴水"之类的,其中的"冰雪"就类似于我们

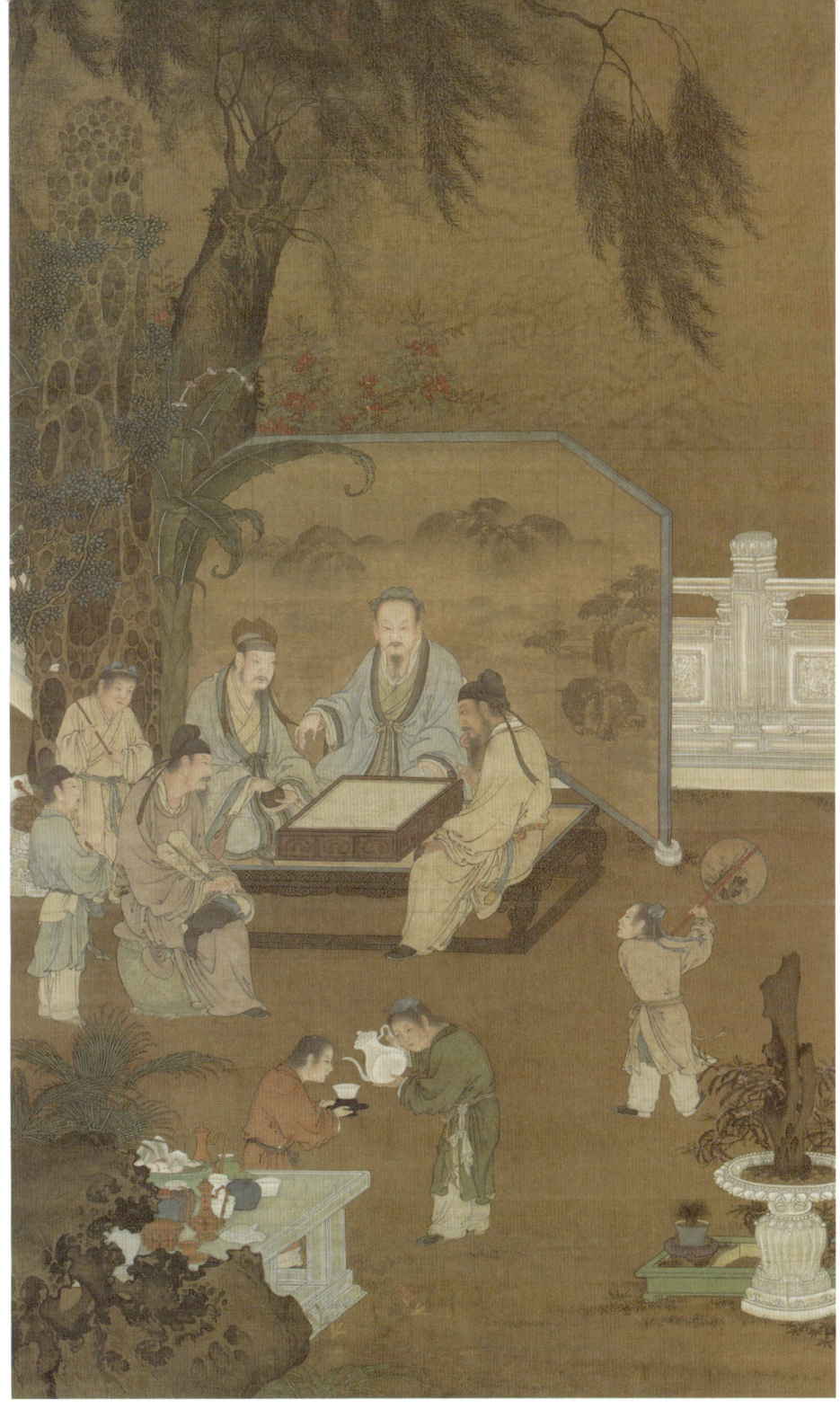

［宋］《十八学士图之棋》（左下角可见果盘装了几个桃子以及一大块冰）

今天的雪糕；而"酥山"则相当于我们今天吃的沙冰；"凉浆、熟水"，就是冰镇米汁、冰镇竹叶水、冰镇稻叶水之类；"渴水"呢，就是自己熬制的果酱混入冰水，有点儿类似我们今天的水果茶。临安城里供应的夏日饮品数量真可是相当丰富：沉香水、荔枝膏水、紫苏饮、砂糖冰雪冷丸子……

而藏冰藏雪之法，也在江南得到了广泛应用，南宋诗人杨万里还将这事儿写进了他的诗里，譬如《走笔谢张功父送似酥醿》：

> 西湖野僧夸藏冰，半年化作真水精。
> 南湖诗人笑渠拙，不如侬家解乾雪。
> 藏冰窨子山之幽，镵透九地山鬼愁。
> 侬家藏雪有妙手，分明晒在翡翠楼。
> 向来巽二拉滕六，玉妃夜投玉川屋。
> 剪水作花吹朔风，揉云为粉散寒空。
> 醉挥两袖拂银汉，捎得万斛冷不融。
> 琼田挈月拾翠羽，砌成重楼天半许。
> 盘作青蛟吐绿雾，乱飘六出薰沉炷。
> 人间雪脆那可藏，天上雪落何曾香。
> 三月尽头四月首，南湖香雪今谁有。
> 分似诚斋老诗叟，碎挼玉花泛春酒，
> 一饮一石更五斗。

又如，他的《荔枝歌》写道：

> 粤犬吠雪非差事，粤人语冰夏虫似。
> 北人冰雪作生涯，冰雪一窖活一家。
> 帝城六月日卓午，市人如炊汗如雨。
> 卖冰一声隔水来，行人未吃心眼开。
> 甘霜甜雪如压蔗，年年窖子南山下。
> 去年藏冰减工夫，山鬼失守嬉西湖。
> 北风一夜动地恶，尽吹北冰作南雹。
> 飞来岭外荔枝梢，绛衣朱裳红锦包。
> 三危露珠冻寒泚，火伞烧林不成水。
> 北人藏冰天夺之，却与南人销暑气。

说的就是"雪窖"的那点儿事。夏天有冰吃的京城，多么让人感到美好！

07
在河埠上，听到了永恒

我想，如果将我的生活图画展开，会出现一条河，这条河边的长堤，以及长堤旁的街巷，这些图景，反映出我生活的一部分，且包括了我生命中的一些故事的片段。

那条河静静地自我的童年流过，溶漾在我的心里；河堤就是大地向天空展开诗页的一部分，那么美好、那么清亮的记忆，只属于艮山门外的河埠上。

据说艮山门造城墙时用的都是护城河里挖出来的泥土。这护城河开挖的时候，它的深度按现在说有四米深，有五十米宽。护城河也被叫作城河，就是现在京杭大运河艮山门的一段。护城河挖通了，城墙也造好了，城墙外面的住户和护城河边的住户全部迁到护城河的北面，也就是现在的河埠上。

有了一道城墙，就区分了城里人和城外人。住在城墙里面的就叫城里人，住在城墙外面自然就是城外人，而河埠上恰恰是这么一个天然的城乡接合部。

城外人要进城来，比如笕桥的人要到杭州城里来，就要从这里过艮山门。清朝末年的城东文人张尔嘉是经常出入艮山门的，他在文章里写道："旱道，东北路。出艮山旱门，过吊桥，循沙河埂（即河埂上）而东有来鹤楼，神为吕祖，跨路为南熏亭，以息行旅……"张尔嘉所说的内容，笕桥老街上的易志根老人还记得，他曾经画了一张示意图。从图上看，艮山门这座城门就在十字路口，城墙有三层楼高，往东靠近原艮山门发电厂位置的城墙上的角楼就是望海楼。民国初年城门拆掉后，门洞还在，城门分内外两层，称"月城"，内城门朝北，外城门朝东。出内城门后，须向东转一直角出外城门，然后向西，再折北过吊桥。桥过来向东，拐角处是益丰南货店，从这里起，就是一条长约二里的河埂上老街了。

而如果是从城里去河埂上，则必经骆驼桥，从东街上（今建国北路）走到头便是骆驼桥。如今，艮山门及其城墙早已不复存在，骆驼桥也成了建国北路上一座有名无实的"桥"了。

骆驼桥是一座古老的桥，早在南宋时就已经有了。江南水乡之桥，何以取北国"沙漠之舟"之名？有人说，其实应是"落渡桥"之误。南宋时，骆驼桥东南面的东园地区尚在庆春门外，密集的海迹湖使东园有"七十二荡"之说，我小的时候那里还有三板荡等好多个湖荡。每当雨后满溢，这些海迹湖便通过沟渠向地势较低的西北方向排水，并经过骆驼桥下，泻"落"东河；而出艮山门的行人，必须在骆驼桥过"渡"，所以就叫了"落渡桥"。现在经过已经铺成马路的骆驼桥，桥下早已无水流动，但还可见到两侧明显低洼的"河床"。河床上的民居已经鳞次栉比，并且有了"骆驼桥东河下""骆驼桥西河下"这样名不副实的遗存之名。

过了骆驼桥，顺势一个拐弯，地势就变为往下走，沿着下坡走几十米后是一条七八百米长的东西向沿河小街，这里就是河埠上了。

因为靠近城墙，为了皇城的安全，城墙的外面是不能有过于高大的房子和树木的，所以，河埠上两面都是二层楼的房子。河埠上有一条街，街的路面是四四方方的大石头，只有中间是石板。河埠上的街道并不宽阔，只有四五米的样子，但当年河埠上的集市却是远近闻名的，两边一溜店铺，列列排排，店铺门前还有农民挑担来摆的各种地摊。河埠上的名气真不小，做生意的人来人往，一直都很兴旺，它的市场是自然形成的。

彼时，城里还没有发展商品经济，唯有这城郊接合部，还留有点儿商品经济的"尾巴"。地里有了产出，乡下人舍不得自己吃，花生、菱角、玉米、黄瓜，还有捕到的泥鳅、黄鳝，统统挑到河埠上来卖，也没有固定的摊位，只在各店铺门前的屋檐下，将扁担地上一放，着地坐了，就势摆摊了。城里人在城里都得"凭票供应"，到了这里可以有选择的空间，所以，城里人也喜欢逛河埠上。

除了这些流动摊贩，河埠上的店铺也算品种齐全，粮店、肉店、茶叶店、酱园店、豆腐店、理发店、小吃店应有尽有，最大的几家分别是向农百货商店、新农食品商店和工农饭店。名字里都带个"农"字，恐怕也是地处城郊接合部，面向农村的意思了。"文革"的时候，河埠上曾改称"支农路"，一直到1981年又改回来了。是啊，应该改回来，地名是我们回家的路！

第二品 风情

工农饭店的对面是一条南北向的小巷,墙上书有"沙田里"三个字,向北不到五十米有座兴隆桥,是座水泥平桥,不知建于何年,七八米的长度,宽约四米,桥下有一条东西流向的小河,向东百余米,又是一座小平桥,再过去就是流水桥小学、艮山门火车站了。

向农百货商店的百货品种齐全,卖的布匹更是有些名气。杭州知名文化人曹晓波先生结婚时,要为一溜老式的大窗户配两块窗帘布,就是在这里相中的,他那时候住在河坊街,说在城里是很难买到这些紧俏商品的。小孩子们是颇喜欢到百货店来看他们卖布的。那时节的布店传统是柜台与账房分置两处,账房都居高临下地设在阁楼上,靠一根绳子和几把夹子与柜台联络。顾客在柜台上选好料子,营业员就将票子开好,连同顾客付的钱一起夹在一个铁夹子上。铁夹子挂在一根绳子上,连着帐房,营业员将手猛地一抖,那铁夹子就朝上面的账房飞去;账房先生打着算盘算好账,找回零钱,仍旧用夹子夹了飞还回来。于是,这店里铁夹子飞来飞去,煞是热闹。20世纪70年代的向农百货商店还是杭州商业的一面旗帜,堪与城里的"解百"、小吕宋相媲美,还出了个全国劳模——徐小囡经理。向农百货商店虽然名为"向农",然而,那些挑着南瓜、番茄来卖的农民不知要卖几箩筐南瓜、番茄,才买得起一块衣料子,所以,它的顾客其实仍是以城里人为主。

新农食品商店就在"向农"的对面,门面与其差不多大小,我母亲华月仙当年就在该店工作,所以,我经常去那里。不过,那时候的食品店规矩是很重的,绝不许捞吃东西、揩公家的油,小孩子也不例外。面对着那些还算琳琅满目的食品，却只是可看不可吃，这不啻一种折磨，所以，我除了喜欢在店里称磅秤量体重外，大多数时间都跑到"向农"去看他们飞铁夹子，更何况那个时候的百货店还有连环画卖。

我外婆汪湘筠家是河埠上的好人家，做茶叶生意的。她一直跟我说，她小的时候家里起造新房，三间门面的两层楼，当时叫"三楼三底"，还雇了照相师傅来新房前拍了照。外祖母读书读到高中，还会打篮球，很让我崇敬。每年大年初二，她总是带着我一起回娘家。两角钞票坐一辆三轮车，从黄肉巷（今建国北路游泳巷）踏到河埠上。年节时分的河埠上当然更加热闹一些，卖烟花爆竹、卖甘蔗糖果、卖洋片糖人儿的，都摆出摊来。有一回，我还捡到一张财神的年历片，那时已是20世纪70年代末了。

河埠上的西面，也就是艮山门城门的北面，有座坝叫会安坝，这会安坝是京杭大运河最南面的一座坝。为什么要有一座坝，原因是京杭大运河的水位高，护城河的水位低。《读史方舆纪要》载："艮山门外有会安坝……俱洪武初，置以潴上河之水……"

会安坝原先就坐落在城河上，其实就是一条长长的石板。它跟城河齐长，因为要跨越城河，所以造得很长，总有百把米，底下都是淤泥铺就，上面就是长条石板。当上河的水位高而满时，水自然会从会安坝上流到下河去；水位不高的时候，坝就起到阻隔上、下河水的作用。长条石板上都有缝隙，可以看到里面塞满了淤泥。如果水冲过来，淤泥就被冲开，水就往下河流去；相反，水流平静时，淤泥就不会被冲开，水也就不会流出去。

街上稍冷清处是张官弄，因为它的位置靠近街的尾部了。张官弄南

第二品　风情

起河埠上，北至流水桥，其实不过一百多米长，据说是曾有一位姓张的官员住在这里而得名。他是一位清官，做过巡按大人，活到七十多岁，去世后安葬在流水桥附近，他的家人常由此去扫墓，老百姓便把这条扫墓的必经之路叫作了张官弄。至于这位姓张的官员究竟是明清时期的哪一位，已经无法考证。张尔嘉所说的来鹤楼以及跨街的南熏亭就都在张官弄，只是我小时候去河埠上的时候，它们已然不存在了。据说清朝末年来鹤楼里祭祀的仙人是吕洞宾，民国时期改做了派出所，后来因年久失修而坍圮，还压死了两个讨饭的叫花子。

张官弄的南面有一个消防队。据说，这里从前就有消防龙会，有二支龙，是人工拉的，救火的时候两个人对面站好用手压，出水当然很小。我小的时候，消防队当然已经是"汽车洋龙"了，那些消防战士还经常进行演练，快速穿上消防服，铺开消防水龙，再跳上消防车，攀着车门站在车门的两边，实在是威武。这对我们伢儿来说，自是很好看的节目了。

从张官弄再往后不远处就是街尾了，有桥，俗称俞家桥。据说，这座俞家桥是一位姓俞的居民重修的，他因为生了重病，到处求医都看不好，医生说他的病叫"目上星"，是看不好的，最多两个月好活。但后来过了两年，不但没有死，而且全身的毛病一点儿也没有了。姓俞的居民死里逃生，决定要做好事，把家里的钱全部拿出来，重修了这座桥。因为这座桥是俞家修复的，老百姓就叫这座桥为俞家桥；因为这座俞家桥在会安坝的西面，大家后来就叫它为西俞家桥，这条路大家也叫它西俞家路。西俞家桥、西俞家路在会安坝的北边，与新农食品商店斜对着。

民国时期翻塘过坝照片

从前在西俞家路还有一座庙叫三官殿,我小的时候,庙是早拆了,只有路当中还留有一个很大的石元宝,似乎是那庙的遗存。旁边还有一个货运轮船码头。每天有码头装卸工在忙忙碌碌,有的装船,有的卸船。三官殿门口的空地上装船、卸船的货物每天都放满。那时候没有起重设备,全部都是人工体力劳动。河埠上的人把这些码头装卸工叫作"坝夫",大概是因为有个会安坝的缘故吧,大人告诫孩子往往会说:"不好好读书,长大了去当坝夫!"

但是我们小孩子倒是蛮崇拜那些坝夫的,古铜色的背脊,一身腱子肉,看了都让人怦然心动。会安坝的坝夫,一要靠力气,二要靠技术。坝夫主要负责在船过坝时卸货、过坝后装货的工作。船首先要进入坝底下的坝槽,槽上要放带水的泥,起到润滑作用,然后从会安坝顶上面放下绞绳,钩住船的绳子,用人力把绞盘绞上去,绞到最上面后,放下时用一台绞盘拉牢,很慢很慢地放下去,船放好、货装好后,最后收过坝费。不过,坝夫干活儿可不喜欢我们伢儿绊手绊脚轧闹猛,所以经常要赶我们走,在我的印象中,似乎坝夫个个都很凶。

据说,站在俞家桥上望月亮会有两个月亮,天上一个,京杭大运河里面也有一个。这就是艮山十景之一的"俞桥望月"。其实,站在任何一处桥上望月,不都有两个月亮吗?我那时候还小,对望月亮还没有兴趣,始

映月桥夜景

终也没有去望过。后来才知道，这座俞家桥其实就是映月桥。南宋时，宋高宗的母亲和徽、钦二帝被金国俘虏，后宋高宗和金国和议，金人放高宗母亲韦太后回国。韦太后坐船到杭州在映月桥上岸，上岸就说："总算回到家了！"那么，这一轮月亮，韦太后应该是望过的，宋高宗也是望过的。至于映月桥何以改称俞家桥，是因为这座映月桥因时间一长没有人保养，在清朝时整座桥已毁塌，前文提到的那位姓俞的人出资重修，就改名为俞家桥。

所以，不要小看了我们河埠上，它还是皇帝、太后曾经驾临过的地方呢！

河埠上的"埠"字，在各类字典辞典里都是找不着的，有人将它叫作"河岸上"，这显然少了点儿文化；杭州的志书上也有写成"河埠上"的，"埠"，在《辞海》中的解释是小堤。其实，河埠上的繁荣时期也并不长，清乾隆年间的厉鹗《东城杂记》里载"杭有海大鸟，人面鸟身，四足二翼，集于东门"发出"嗷嗷"的叫声，城里的一位处士听说后，击掌叹息说，文人要遭殃了。且不说这故事后来是否应验，但可知至少在厉鹗那个时候，这一带还颇荒凉。一直到清朝中后期，也得益于城乡接合部的地理位置，堤上形成了一个喧嚣的集市，"河埠上"三个字才逐渐出现在杭州人的口中。

道咸年间的"艮山十景"中就有了"河埠号声"的说法，那时节，这里已是茶坊酒肆林立，一日三市，蔬菜行、鱼行的秤手们一边提秤一边高唱斤两、单价、客人姓名，各种生意人的行话暗语此起彼落，叫卖声更是南腔北调，那是河埠上最繁盛的时候。比起那个时候的盛况，我童年时印象中的河埠集市其实已经是日落西山了，但它的鲜活和生机却仍然让人铭刻在心。

顺河埠上向东走，走完热闹的街市，又有一条岔开的小堤泥路穿河而过，像半岛一样的地里有几处菜畦，也有几处房舍，一直可以走到艮山流水苑运河桥的北头，这里便是张官弄。张官弄的小河道是专门用来运送木排的，从运河运来的木材被拼在一起，有杉木、有松木，十几根木头一拼，宽约三米，长短却不一。运河桥是1988年才建的，在此之前，河埠上是唯一向东去闸弄口的道路。

1993年11月，河埠上被夷为平地，后来便建设成整片的叫流水苑的住宅，连那河水，似乎也是新鲜的、改造过的了。

逝者如斯！

好在河埠上的地名还在，在如今河埠一带道路的南面，与河流邻近的地方，街市依然整齐，市井的生活气息俨然，更有一处公园掩映在郁郁葱葱的树林中。林中小径幽曲，就像一根长长的青藤，顺藤随手摸去，两旁竟然结着大大小小、数都数不清的鲜活故事。漫步进去，就仿佛看到了从前的时光，听到了花开花落的声音，似乎也就听到了永恒。

第三品　物语

01 艮山门发电厂

小的时候，还不知道什么叫"城市地标"，只觉得艮山门发电厂的那个大烟囱很是威风。

有一回，外祖父骑自行车带着我从城外回家，在艮山门附近被交警拦住了。那时节，汽车还不多，交警主要管自行车。而自行车带人在城外是可以的，到了城里则不允许，而艮山门正好算进了城，于是算违章了。那时候的管理员不似今天这般人性化，开了一辆大卡车把所有违章的自行车统统暂扣了运走，我跟外祖父只好步行着回家。外祖父腿脚不灵便，好说歹说也不管用，车子还是被运走了，心情多少有些沮丧，而我却好奇地发现了这个大烟囱，一步一回头地盯着它看，被牵着我手的外祖父训斥了好几回。

后来，小学里上图画课，要我们画"四个现代化"的宏伟蓝图，我总是不忘记画上那个大烟囱。高高的烟囱直插云天，烟囱的口子上还冒着滚滚的浓烟，那时候还没有环保意识，似乎这烟囱和浓烟就是工业现代化的象征了。不过，人类确实是不断进步的，一个时代有一个时代的希冀和向往,电力时代的到来也堪称一场革命。

电力,是动力之源、光明之源、生活之源。自 1831 年法拉第发现了电磁感应现象,催生了世界上第一台直流发电机和交流发电机的发明。1879 年,大发明家爱迪生点亮了第一盏有广泛实用价值的电灯。从此,人类真正迎来了光明使者。

光绪五年(1879 年),就在爱迪生点亮世界上第一盏电灯的当年,上海租界的英国殖民者为了欢迎美国前总统格兰特路过上海,特地从国外运来了一台小型引擎发电机,于 8 月 17 日和 18 日晚在外滩运转,首开中国使用电能的先河。继而,光绪八年(1882 年),英国人在上海租界开办了上海电光公司,创建中国第一座发电厂并开始发电。

性急的读者可能要问:我们杭州是什么时候开始发电,并有了电灯和电机缫丝的?杭州人开始用上电,据说还真跟"艮山门外丝篮儿"有关。

杭州是什么时候开始发电的?这话得从清光绪二十二年(1896 年)八月的一个炎夏说起。当时杭州有一家世经缫丝厂,引进了一台直流发电设备,开始在厂内发电供照明和生产用,引得很多人特地跑到世经缫丝厂来看"西洋镜",杭州人第一次看到了"电"带来的光明。

而据乡土学者钟毓龙的《说杭州》载:"清光绪三十四年(1908 年),杭人珠宝商金敬秋等发起,集资创办大有利电灯公司,厂址在板儿巷口,今建国南路电力局所在。翌年改为官督商办,宣统二年(1910 年)建成,于中秋节发电。"

这是杭州的第一家发电厂，中秋节开始发的电也不仅供企业而开始民用了。

杭州在民国前，街头是没有路灯的。民国元年（1912年）时，杭城夜晚街头仍飘摇着一百四十余盏燃油"风灯"。大有利电灯公司发电后，在全城主要街头装上路灯，市民们走上街头赏灯欢乐，一片惊叹："杭州从此有了路灯！"而在商户用电上，杭州最早受益的是原大井巷口的聚丰园菜馆和清河坊高银巷口的亨得利钟表店，而很快后来居上的是杭州的丝绸纺织业。

当时杭州的织造业已十分繁盛，但生产方式落后，全凭人力织造已经难以适应旺盛的市场需求。随着电力的投入使用，大家发现使用机器织布效率更高，用机织代替人力织造优势明显，并已成为一种趋向，所以织造业对电力的需求也就随之加大。然而，电力供应"捉襟见肘"，无法大规模发展机织工业，第一家发电厂的供电量很快就不能满足需求了。

1919年，杭州大有利电灯公司，也就是今天的杭州电厂前身，考虑到城市的用电需求以及板儿巷发电厂受到水源和运煤等条件的限制，决定筹建一座新的发电厂。当时的杭州艮山门火车站每天往来货运的列车十分方便，又靠近运河，煤炭和水源获取非常便利；再加上艮山门一带也是丝织业最集中的地区，电力的需求量也很大。于是，大有利电灯公司便在此处购入了一块四十亩的土地，南至环城北路、北靠艮山门火车站、东临机场路、西至贴沙河，无论是走水路，还是铁路，都非常便捷。为了方便运输，1920年，杭州大有利电灯公司还专门从艮山门火车站接引了一条专用线路，用以运输煤料和各种修建及生活物资。

1922年11月27日，艮山门发电厂建成投产了。它的位置就在今天的朝晖路东端与艮山西路西端的交叉口，占地面积两万平方米。艮山门发电厂的第一套发电机组发电，装机容量800千瓦，已经比板儿巷发电厂大出不知多少倍。翌年，他们又从瑞士勃朗比和德国爱依奇分别订购了2000千瓦、2300千瓦汽轮发电机组各一台和配套锅炉，于1924年相继投产发电。至此，总装机容量已达5100千瓦，年发电量约为1700万千瓦时，杭城主要电源由板儿巷电厂转换为艮山门发电厂，成为那个年代杭城供电的"龙头老大"。

艮山门发电厂主要用于工业用电供应，满足杭州的丝绸业、棉布业将人工织机升级成为电动织机的需求，基本缓和了供电紧张。到了1929年5月1日，大有利电灯公司归属浙江省政府，正式更名为"杭州电厂"，性质也由官商合股商办转为官办。

随着时代的发展，用电的需求也水涨船高。好在这个时候的杭州电厂已经有了稳定的电力供应，技术也已经日趋成熟完善，于是，就在这一年，浙江省政府拨建设债券一百九十八万元（银圆），选址在闸口水澄桥，征地七十余亩，筹建杭州第三家电厂——闸口发电厂。

为了配合闸口发电厂建设，艮山门发电厂扩建了由5.25千伏升压为13.2千伏的变电所，安装主变压器两台。同时，又辟专线向拱宸桥三友实业社（杭州第一棉纺织厂）输电。

民国二十一年（1932年）9月，杭州组建电气股份有限公司，艮山门发电厂资产和电气专营权由省政府转让给"企信银团",艮山门发电厂改为民营企业,变为发电所。同年10月,闸口发电厂建成发电,装机容量达1.5万千瓦,其1号发电机组与艮山门发电厂并网,成为全省最大的发电厂,与南京下关电厂、上海杨树浦电厂并列为江南三大发电厂。因闸口发电厂电力负荷足够满足当时全城用电需要,艮山门发电厂退位为备用电厂,并逐步停产,大部分职工调往闸口发电厂。

为了减轻负担,节省开支,在上级电力部门统筹下,艮山门发电厂于民国二十五年(1936年)开始进行闲置设备处理,将800千瓦和2300千瓦两台汽轮发电机组连同六台锅炉转让给了武昌竟成电灯公司,留下瑞士产2000千瓦发电机组作为临时备用。

不过,艮山门发电厂的历史使命显然还没有结束,它还将再扛杭城的用电大梁:

听老人们说,民国二十六年(1937年)12月24日杭州沦陷后,侵华日军曾经在艮山门附近修建了一座碉堡,驻扎在那里。当时的杭州城已经是满目疮痍,艮山门发电厂也早已废弃,员工陆续分配出去,设备也不再正常运转了。而在杭州沦陷时,闸口发电厂已经被炸,为了保证杭州城内的基本电力供应,日本人来到了艮山门发电厂,胁迫滞留在电厂的职工想办法让机器运转起来。于是,那台闲置日久的2000千瓦发电机组进行了恢复性大修后重新发电,全年发电量达450万千瓦时。为了加大发电量,翌年初,日伪当局又从南京拆运1000千瓦发电机组1台至艮山门发电厂投入使用,由于该发电机组频率为60赫,与杭州电网频率不符,齿轮变速箱运行发电能力仅有60%左右。尽管如此，艮山门发电厂还是成为当时杭州唯一能发电的电厂。

民国二十九年（1940年），日军华中水电公司强行接管杭州电气公司，并与杭州自来水厂合并，成立"华中水电株式会社杭州支店"，艮山门发电厂成为"杭州支店"独家能发电的企业。此后五六年，艮山门发电厂年均发电量都在1250万千瓦时左右。

民国三十四年（1945年）9月8日，因艮山门发电厂汽轮机专用油断档，日军强迫采用变压器油替代，造成温度迅速升高，致使发电机推力轴承烧坏而造成停产，杭城无电，陷入一片黑暗。在经历了至暗时刻的十四天后，杭州电气公司从日军手中接管了电厂，却又因缺少备用零件，被迫凿去被烧坏的汽轮机四道叶片，修复供电，限定出力能量控制在1500千瓦内以维持生产。

抗战胜利后，闸口发电厂两台受损机组相继修复发电。从民国三十六年（1947年）起，艮山门发电厂又转为备用电厂，只是在闸口发电厂机组检修时，才启用备用发电厂。

1951年杭州电气公司公私合营，艮山门发电厂更名为杭州电气公司第二发电厂。既然称"第二"，当然仍是"备用"的意思。不过，在那用电不正常的年代，备用电厂绝不是可有可无的，电力部门的领导也深谙这个道理。为了加强备用实力，1952年，艮山门发电厂又新增了德国爱依奇3300千瓦发电机组一台，使全厂总装机容量达5300千瓦。

中华人民共和国成立初期，一切都向苏联老大哥学习，艮山门发电厂也学习苏联管理模式，在生产过程中建立起运行规程、岗位责任制、交接班和巡回检查制度等，企业运营逐渐规范化。据统计，从1952年至1957年，艮山门发电厂发电总量达2915.08万千瓦时。

1958年10月，"第二发电厂"重新被改回了"艮山门发电厂"，但可惜好景不长。彼时，杭州电气公司已经实施了新一轮发展，规划在半山工业区新建一座20万千瓦的火力发电厂即半山发电厂。同年，闸口发电厂也进行扩建，杭州供电矛盾逐年缓和。形势好的时候，也是头脑容易发热的时候，省市电力部门认为：艮山门发电厂老机组已无存在必要，遂于1959年4月拆除变卖，艮山门发电厂居然被撤销。

然而，"天有不测风云，人有旦夕祸福"。从1958年下半年起，在"大跃进"浪潮鼓动下，杭州重工业和机械工业用电负荷猛增，用电矛盾日趋突出。艮山门发电厂被撤销才几个月时间，浙江省重工业厅又重新做出部署——重建艮山门发电厂，并决策在老厂房南面建设新厂房，占地面积2331平方米，省电力工业厅也迅速批准了2×6000千瓦发电机组的设计计划书，要求设备实施国产化。

稀缺彰显宝贵，急需造就速度，只用了一年多时间，两台6000千瓦机组投入运行，艮山门发电厂又一次崛起，稳稳地坐上了全省第二大发电厂交椅，除了承担起杭城供电的重任外，也为绍兴、嘉兴、余杭电力网增加了新电源。企业还将培训触角延伸拉长，为本省长广煤矿、绍兴钢铁厂、半山钢铁厂等自备电厂，以及湖州电力技校、黑龙江塔河发电厂、紧水滩水力发电厂等代培电力技术人才，留下了"老大哥"的良好口碑。

艮山十景公园

1960年，艮山门发电厂升格为县团级企业。1962年，上划为部属企业，隶属于省电力管理局直管。从20世纪70年代起，艮山门发电厂输煤系统实现"一条龙"机械化流水线操作，其先进的锅炉燃烧法，获全省电力系统厂际省煤节电第一名；温差异重流理论在电厂首次应用，荣获1978年全国科技大会奖……

随着半山发电厂的迅速崛起，1981年10月29日，省电力工业局下发红头文件，决定艮山门发电厂与半山发电厂两厂合并，内部称半山发电厂为"总厂"，艮山门发电厂为"分厂"，而对外的厂名则保持不变。

从1959年至1990年的三十一年时间中，艮山门发电厂累计发电量233247.03万千瓦时，为全市经济社会发展做出了不可磨灭的贡献。

1997年8月，艮山门发电厂走过了不平凡的七十八个春秋，终于关停了所有发电机组，结束了发电历程，荣耀谢幕，从而在杭州电力史上留下了光辉的一页。

2000年，正式撤销艮山门发电厂，拆毁高烟囱及建筑设备，建运河变电所，开辟运河公园。艮山门发电厂从此成了一个历史名词，只存在于这一带居民的记忆当中了。"早些年，老公交5路车过三里亭、下菩萨之后，走的是通往艮山门电厂那段路（今称机场路里街），在电厂左侧的铁轨旁东拐一二百米，有个离前面十字路口很近的闸弄口站……"顾国泰老人回忆起来，还是把艮山门发电厂当作了一个坐标。

第三品 物语

02
艮山门铁路货运站

"夕阳打在铁轨上闪闪发亮,回家的人们在道口上穿梭……这是运行了一百一十年的艮山门货运站,留在我们记忆深处的背影。"2016年8月10日,几乎所有的杭州媒体都以动情的口吻报道了这一新闻:一百一十岁的杭州艮山门货运站今天运营完将正式告别。

流水东苑地处运河与铁路交会之处,一座百年老站——艮山门火车站就隐藏于文晖大桥之下。闹市区的艮山门站就像一个"熟悉的陌生人",不站在文晖大桥上仔细观察,你根本发现不了它。但正是这座古老的车站,见证了杭城一个多

艮山门货场(摄于2023年)

世纪的巨变。

没有候车室,没有旅客上下,因为它本来就是一个货运站,低调得鲜有人知;但艮山门货运站的过去还是值得回忆,每个杭州人的生活都曾和这座不起眼的站台有着渊源:杭州市所需的大部分煤炭、水果、粮食、蔬菜,都是从全国各地先运到这里,再分发往各地,进入杭城的千家万户。

其实,艮山门车站刚建起来的时候倒并不是只有货运功能,而是客货兼运的。它建成于光绪三十三年(1907年),是杭州乃至浙江第一条铁路江墅铁路的中间站。1907年8月,正式对外开办客货兼运业务,当时为三股道。宣统元年(1909年),江墅铁路和杭嘉铁路(杭州—枫泾)连通,自此,杭州纳入全国铁路版图,艮山门站也成为沪杭铁路的一部分。车站位于绍兴路东面,文晖大桥北面,距离上海站一百九十七公里,距离杭州站四公里。也是在这一年的8月,从上海南至杭州闸口的沪杭铁路全线通车营运,艮山门站便成为沪杭列车进入杭城的第一站。

1912年12月11日,孙中山从闸口乘经江墅铁路的火车到拱宸桥,经过艮山门火车站,他此行就是为了考察中国的铁路建设的。

而在民国时期,更不知有多少名流闻人曾经从艮山门站经过,往返于杭州与上海之间。在上海办《申报》的史量才从上海坐火车回杭州来"秋水山庄"看望他的爱妻沈秋水;忙着在"创造社"创造的郁达夫也不忘记坐

郁达夫

上火车追逐杭州美女王映霞而来……这座艮山门站,曾经串起了上海与杭州的浪漫往事。

然而,平静的生活终究被战火打乱。

日军侵占杭州后,一方面惨无人道地杀戮平民百姓,另一方面又肆无忌惮地进行经济掠夺。艮山门站的货运功能也正是在这个时期被突出了。出于运送军需物资的需要,为了

艮山门侵华日军遗留的碉堡旧址

防备中国军队和游击队对沪杭铁路的"破坏",日军在铁路沿线重要的站台建造起碉堡等设施,护卫封锁沪杭铁路线。艮山门站的碉堡就建在车站沪杭铁路正线旁,是一座圆筒形砖混结构碉堡,高约八点五米,直径四米左右,上下共三层、百余平方米。堡身以小灰砖砌筑,坚厚的碉堡上下四个不同高度设有几十个大小不一的机、步枪射击孔,外侧设有凹槽,用来固定枪械。堡顶用六根混凝土柱撑起岗亭三百六十度的瞭望台。碉堡的入口处设在西侧,东南角(流水桥附近)附设平房原为日军营房,直接与碉堡相连,西北侧有地下室,系存储武器弹药的仓库。这是一处日军运送军用物资的警戒重地,也是杭城唯一保存完好的日军碉堡,作为日军侵华的有力罪证,它已被列入"杭州市级文物保护单位",成为爱国

主义教育课堂。

伫立在艮山门侵华日军碉堡旧址前,看看想想,想想看看,那灰沉沉的堡身,冷飕飕的枪眼,黑乎乎的地道,阴森森的营房,让人不寒而栗。

抗战胜利乃至新中国成立以后,艮山门火车站就作为货运站而闻名了,不过,到1995年为止,它其实还是有客运列车的。笔者找到了一张1995年的列车时刻表,上面可以看到艮山门火车站还有发往安徽牛头山等地的旅客列车,每天有八趟。

艮山门站一直是杭州铁路的货运枢纽,也是当时浙江最大的货运编组站。近代的杭州工业,从艮山门外起始,除了电厂、铁路,后来的杭州轻重工业,几乎全在这里日趋扩展。新中国成立后,艮山门站附近规划、建设了杭州最初的一批新工业区,杭州的许多著名的工厂都依托这个货运站而生:

1955年,两台皮带车床,几个铁墩、几十把大榔头再加上三十多个工人,艮山门外打铁关就建起了第一家承担锅炉修配任务的工厂——杭州锅炉厂(简称"杭锅")。

1958年,在国家大力发展钢铁产业的背景下,全国第一家制氧机厂——杭州制氧机厂(简称"杭氧")在艮山门站铁路沿线成立,这也是当时浙江机械行业的龙头企业。

1958年,不远处的大东门又建起了杭州缝纫机厂,整个厂房有很多车间,每个零件都有自己的车间,有机工车间、机壳车间等。一台缝纫机从机工—机壳—油漆—仓库校验—成品包装等,需要经过多道程序,三到五天才能生产出一台缝纫机，足见缝纫机做工之精细。到了20世纪七八十年代，它更是成了年轻人结婚必备的三大件之一。依托艮山门铁路货运，杭州缝纫机厂生产的"蝴蝶牌"缝纫机不仅供给杭州家庭，也被运往全国各地。

1965年，杭州起重机械厂又在今天的现代城附近拔地而起，这是原国家机械部在浙江省唯一定点生产桥、门式起重机及其他特种起重机的专业厂家。该厂创立的初衷是为杭州钢铁集团的建设配套提供起重机，为此从中国各地调集了众多起重机专家，其中很多都是从上海交通大学起重机专业毕业的工程师。这些工程师们有的家仍在上海，每到周末，借工作之便从艮山门站就近爬上火车跟着机器回家也是常有的事。

随着这些工业的兴起，艮山门铁路货运站也从1949年的四等中间站，到1987年发展成了一等大站。

杭州铁路设计院退休工程师谭启晓，退休之后一直研究浙江铁路的历史。他翻出1992年最早一期的《杭州铁路分局年鉴》。在年鉴中，可以看到艮山门站的发展脉络：从1949年的四等中间站，到1952年的中心站、二等站，再到1987年核定为一等大站。1991年，艮山门站承担了杭州铁路枢纽近三分之二的列车编组解体作业量。

20世纪七八十年代是艮山门站的鼎盛时期，放眼全国，艮山门站都算是规模相当大的货运站。

那段时间可真是艮山门火车站的黄金时代，客货列车来往不断，高音喇叭日夜不息，除每天办理八趟旅客列车客运业务外，更多的是货运，载重汽车经常排着长队等候在站台旁装卸货物，日均达七八千吨，工作人员最多时达四千余人。

在许多老底子杭州人的儿时记忆中，坐火车经过艮山门，总是会好奇地向外张望，窗外硕大无朋的站场，从驼峰（专门用来解体和编组列车的铁路调车设备）上留下发出叮叮当当声响的货运车厢，是脑海中最深刻的记忆。

詹钢，从1981年起到艮山门站货场，工作了整整三十五年。"当时的车站货场是杭州铁路货运的中心，每天有十几列火车拉着货物从全国开到艮山门装卸，每天我们至少要装卸三百节以上的车皮。"

"你看，前面那条十二道的棚子，以前叫'蔬菜棚'，每天都有北方运来的土豆、白菜等蔬菜，还有新疆来的哈密瓜，再用汽车运到其他批发市场。最近的就是以前朝晖路建国北路口那个水果批发市场，买水果的人不要太多。"

"后来有了一种机械保温车，就是冷藏列车，东北和南方的海鲜就源源不断地运到艮山门，再送到餐桌上。"

"边上那条九道，以前我们叫'卸煤线'，老底子杭州人都知道的那个艮山门电厂，就建在火车站边上，电煤都是我们拉过去的。"

但是，光荣只属于昨天。

一方面，随着城市的不断发展，"蜗居"市中心的艮山门站渐渐无法满足货运需求。铁路部门相继扩建了杭州北站和萧山站，在南北两大综合货运物流基地的映衬下，艮山门站货场越发显得老迈。

艮山门站

另一方面，随着沪昆、宁杭、杭深、金丽温等高铁相继运营，杭州需要更大的场地来停放检修列车。于是，铁路部门下决心将艮山门站货运功能迁移到杭州北站等车站，这里则成为艮山门动车所三期的一部分，为杭州铁路枢纽开行更多高铁动车组提供保障。

2016年8月7日，艮山门铁路货运站即将退出历史舞台的前夕，《杭州日报》记者许卓恒来到这里做最后的采访，他记录了这个历史性的时刻：

> 昨天，艮山门火车站吊机长杨志明，仍在自己的岗位上。已经在站里工作了四十一年的他，离退休还有七个月，但关于货运站的回忆却清晰得像昨天一般。
>
> 艮山门站的大门在绍兴路上，它的周围已经被下城区政府、

流水东苑墙绘艮山门货运站（摄于 2020 年）

流水苑等高楼大厦所包围。眼下，货运站里已经基本空空荡荡，只有零星的货车做最后的清运。

不久以后，这里将成为动车所三期的一部分，主要用于动车组的停靠以及维护。传达室里的大伯也打起了瞌睡，因为已经停运，所以也就放松了，往常忙的时候可不是这样。

杨志明在吊车机长室里值班，说是值班，基本上也就是做些扫尾工作。"本月 10 日，我们就要去南星桥站了，这里也不用值班了。"他说，货场里那些高耸、巨大的龙门吊就归他管。

今年六十岁的他，1975 年来到艮山门站工作，当年他只有十九岁。"我刚来的时候这里可是郊区啊，一眼望去能看到半山电厂的烟囱冒烟。"

杨志明老家是建德梅城人，四十多年前他在建德当知青，是通过"知青上调"，来到艮山门站工作的。

杨志明较先开始是开吊机，后来成为吊机长。据老杨回忆，当年艮山门站可是风光一时，车站里最忙的时候每天要来往装卸七千至八千吨货物，周围的杭钢（杭州钢铁集团）、杭氧等原

第三品　物语

材料都要从这里走。鼎盛时期，艮山门站的工作人员达到了四千多人。

……………

守着艮山门站最后时光的，都是些铁路的老职工。道口房门口，五十多岁的詹钢正出来晒衣服。他也在艮山门站工作有三十多年，负责的是艮山门站内的一个道口，但是现在货运车基本上已经没了，过几天，他也要走了。

货场的铁轨上，还有一列东风火车头停在铁轨上。火车司机钟师傅正在认真地记着工作笔记。他也是一名老火车司机了，今年五十三岁。他从烧煤的蒸汽车开始开，一路开到了现在的柴油机火车头。因为火车司机是特殊工种，所以钟师傅还有三年就退休了。

谢幕的场景，多少有些落寞。得到风声的火车迷们，也从四面八方赶来，他们用自己的方式，来向这座服务杭城人民百余年的老站道别。

艮山门货场（摄于2023年）

艮山门货运站附近和平广场，曾是杭州市中心地标之一。

2016年8月9日晚上9点多，专用的调车机车将停在各条股道上的车厢逐一连接起来，慢慢组成了一条长龙。而在货场内，不少老职工、火车迷也在一旁，为列车送行。

次日上午8点，是艮山门货运站最后一台机车驶离的历史时刻，最后一台机车将从这里转移到杭州北站。"呜……"一声长鸣，随着48718次列车缓缓驶出铁路艮山门站，一百一十年历史的老站就此退出历史舞台。

历史的车轮滚滚，没有什么永垂不朽……

艮山门货运站附近的水田畈遗址雕塑

03 杭州制氧机厂

高音喇叭里《咱们工人有力量》的歌声嘹亮,厂门口已经人声喧闹,夹杂着自行车的铃声此起彼伏。清脆的下班铃声响起,工厂大门打开,一大队工人如潮涌而出,灿烂的笑容、整齐的制服引来多少羡慕的眼光。

工业时代里当一名工人是光荣的,更不用说在重工业单位里当一名工人了,别的不说,冬天的时候发劳保用品,一双厚实的毛皮"老壳皮鞋"就是重工业单位特有的,穿在脚下,那才叫个威风!

杭州算不上工业城市,重工业企业屈指可数,杭氧就是其中令人骄傲的一家龙头企业。

杭氧的历史,可以追溯到一百年前。工厂最早诞生于 1917 年,当时是一家以修理枪械、仿造步枪和轻机枪为主的军械修理工厂。尽管只是个修械所,当局还是十分重视的,抗战中也由杭州迁往富阳,后来又转至衢县、遂昌、龙泉等地,辗转奔波。这期间,修理枪械、制造枪械的工作是没有停下的,也算为抗战立下了汗马功劳。1945 年 8 月,抗战胜利,修械所也决定搬回杭州。一直到次年初才落址在鼓楼外中山南路 673 号。

杭氧老厂区大门

中华人民共和国成立后，更名为浙江铁工厂，是由力余铁工厂和浙江汽车修配厂合并而来，厂房分布在劳动路和中山南路。浙江铁工厂是当时浙江省唯一一家重工业单位，生产内容也逐步转向民用工业生产，包括茶叶机、中耕机、碾米机、棉纺机等。这当中自然也有一些辉煌的历史，比如 1950 年 8 月建造了富阳皇天畈水闸、1951 年 4 月制造了中国第一台麻纺机等。

1953 年 1 月，浙江铁工厂划归中华人民共和国第一机械工业部。1956 年成功制造出成套制氧机，开始专业化批量生产制氧机。1957 年至 1961 年，迁址到当时的东新乡新凉亭（现东新路 388 号）。1958 年，更名为杭州制氧机厂，归属省机械工业厅领导。从 1958 年到 1966 年，朱德委员长曾先后四次视察杭氧。后来，江泽民、胡锦涛、朱镕基等党和国家主要领导都曾先后视察过工厂。

杭氧后来六十年的发展与新中国同步，从修配到制造，从制造茶叶机、麻纺机到制造成套空分设备，成为世界空分设备的主要供应商之一，大中型空分设备国内市场占有率超过50%，客户遍布世界五大洲。主要经济指标连续多年名列我国通用机械行业第一位，先后被列入中国制造企业500强、中国大企业大集团竞争力500强和中国机械工业100强、杭州市功勋企业。1995年更名为杭州制氧机集团有限公司（以下简称杭氧集团），系国家五百二十家重点国有企业和杭州市六家国有资产授权经营大集团之一，是一家以制造空气分离设备和工业气体为主的大型企业集团，光职工人数就达四五千人。

老杭州有一句俗谚，叫作"学技术到杭氧，找对象到杭麻"。杭州麻纺织厂女工多，所以找对象要到杭麻；而杭氧的技术含量最高，所以学

东新路杭氧鸟瞰图（20世纪60年代左右）

20世纪90年代杭氧老厂区大门

  技术要到杭氧。这句俗谚里其实已经含有对"科学技术就是生产力"的表述了,杭氧也因其产业的技术要求高而在同类重工业企业中独树一帜。在那个年代,杭氧技术人员的吃香程度,绝不亚于今天的互联网巨头的IT男们。

  20世纪70年代,世界化工技术酝酿着革命性的飞跃。杭氧的一群知识分子,在当时极其艰难的条件下,紧跟世界发展潮流,想方设法让国家制氧机的技术赶上世界先进水平,已故的杭氧总工程师林战生就是其中的代表。

  我国的制氧行业最初用的都是苏联技术和苏联标准。温州人林战生是1962年毕业于浙江大学化工机械系的,20世纪70年代,作为杭氧的技术员,他去南斯拉夫参加了国际制冷学会的专业学术会议,算是放眼看了世界。这之后，他又去了联邦德国、美国、英国等，深感国内制氧技术的落后。林战生以一种"以天下事为己任"的精神，开始对空气分离设备流程重新进行总体设计，并研究起当时国内无人涉足的深冷精馏塔电子计算新算法，还主动跑到化工部上海化工医药设计院寻求合作，将精馏塔电子算法应用于深冷空气分离制氧装备。20世纪80年代，这位"位卑未敢忘忧国"的普通技术员凭借其出色的工作，当上了中国空分设备公司副总工程师、杭氧总工程师、研究员级高级工程师，成为国内制氧行业快速升起的技术明星。他承担过不少重大的项目，取得骄人的成绩。但很不幸，在他快步走向国内深冷技术领军者行列的途中，1988年竟因病遽然去世了，年仅四十九岁。

林战生的英年早逝令全国深冷界震惊，他们为国家制氧技术失去一位未来的帅才而痛惜。追悼会上一众前辈后学齐集为这位英才送行。《深冷技术》期刊为林的逝世专门发了讣闻，给他以高度评价："林战生同志毕业后一直从事空分工作，造诣很深，为我国空分事业作出了较大的贡献。"

林战生英年早逝，实在叫人痛惜！林战生的女儿林帆说起父亲的故事至今仍热泪盈眶。

业内的事迹也许不为外人所熟知，但说到杭氧，老底子杭州人脑中还是会立刻想到城北工业区曾经繁盛的景象。如今这里已经是杭州目前规模最大、集聚度最高的工业遗存地之一。六十多年前，杭氧作为当时亚洲第一、世界第四家制氧机厂，汇聚了全国各地的技术精英和行业资源。

医科大学在校生在杭氧医院实习（李乾正摄于1960年）

那个时候，国家连轻工业制造都有困难，更何况是高精尖的制氧机，所以在很长一段时间里，杭氧都是杭州重工业的一张金名片，可以说工业化时代的杭州记忆是属于杭氧的。能成为一名杭氧工人，是那时年轻人的梦想，姑娘们能嫁给杭氧工人也是一件很光荣的事情。

李乾正是浙江金华人。1959年，从金华卫校毕业后被分配到杭氧医院，从一名实习医生，一直做到杭氧医院院长并退休。如今，他依然住在年轻时分配的杭氧宿舍里，杭氧有他一辈子的回忆。

李乾正老人口里说出的不少趣事至今仍为老杭氧人所津津乐道。"杭氧请了苏联专家来，苏联专家坐的是奔驰。浙江省省长一辆，我们这里的苏联专家一辆，浙江省就这么两辆（奔驰）车。"李乾正回忆说，

第三品 物语

召开会议（李乾正摄于 1960 年）

工人通过显微镜观察四虫虫卵（李乾正摄于 1960 年）

杭氧广播站播音员（李乾正摄于 1960 年）

"当时社会讲奉献，大家也从来不计较什么奔驰不奔驰的。"

"当时社会提倡一份工作做一辈子，一线工人吃在食堂、住在宿舍，工作生活很忙碌，一心就想着完成生产任务，争当劳动模范。"

"当时的城北文晖地区只有一条 12 路公交车，放眼望去都是农田茅草屋，我们新盖的厂房已经是现代化的象征，但是刚建厂的时候条件也很艰苦，厂房四面透风，在寒冷的冬夜里，工人们穿着单裤干活儿，凭借的是坚韧不拔的意志力，那时候的人真的特别能吃苦。1980 年代改革开放后，从农村化肥的生产到炼钢行业，全国对于制氧机的需求大大增加，杭氧进入飞跃期，车间进入单休模式，晚上加班到十二点也是常有的事，杭氧也保持着浙江机械制造业龙头企业的位置。"回首往事，李乾正依然心潮澎湃。

石焕敖，则是更为典型的杭氧一线老职工，1970年从部队退伍后便进了杭氧，前后在厂里当过镗工、技术员，后来当了工段长、车间副主任，2005年退休。他站在杭氧街上，凝望着斑驳树影下的老厂房，若有所思。老人伸手去抚摸路边的法国梧桐，喃喃道："刚进厂那会儿才碗口粗细呢，如今都要一个人环抱了。"

当年，二十六岁的石焕敖和其他一百九十九位来自绍兴的退伍军人，一起迈入了杭氧的大门，厂区硕大、机器轰鸣，心脏因为兴奋而剧烈跳动。

那时的杭氧是全国乃至亚洲最大的制氧机厂，石焕敖说，何其有幸，能成为一名杭氧的工人！

回忆起刚进厂时的情景，老人用手比了个"7"激动地晃了晃，"整整七百亩地！你说我们厂大不大？还有啊，杭氧可不是生产氧气的，是制作空气分离设备的制造厂。"

"那时候我们上到厂长下到一线工人，大家都骑着自行车穿梭在厂区，对于厂区的每一条路我们都很熟悉。"往日如昨，历历在目。

改革开放之后，一切都开始与国际接轨，"学技术到杭氧"有了更高的要求、更严的标准。20世纪80年代初，为配合从当时的西德林德公司引进10000立方米/时制氧机制造技术，杭氧分批派人赴西德实习。焊工郭志棠就是第二批实习人员之一。

林德公司对焊接工人的技术要求是很严格的。国家每两年要对焊工进行一次考试，合格后才允许实际焊接。如焊工脱离焊接工作三个月，也要经厂里考试合格才能恢复原工种。林德公司规定，培训人员必须经过他们公司以及西德国家焊接技术委员会考试，取得合格证书才能实际操作。郭志棠在西德实习三个月，练习、考试就占去了四分之一时间。先是经过了理论考试，后又参加了实际考试。

考试项目中要求高、难度大的是管子的全位置焊接。德方人员也说，这种全位置焊接合格者不多，他们也只有三个人比较有把握，而且当时这三个人都在国外。面对这种难度大的焊接，怎么办？一定要争取参加产品实际焊接，一定要显示中国工人阶级的志气与水平！于是郭志棠抓紧时间，苦练技术，仅花了十三天时间就向林德公司提出了考试要求。

考试先在林德公司进行，考了两天，经检验，全部合格，成绩优良，德方人员都佩服地竖起拇指说："真行！"后来郭志棠又去慕尼黑参加西德国家焊接技术委员会考试，内容同林德公司考的一样，由于应考的三根管子的全位置焊接全合格了，其他的就免考了，考试结果成绩优良，从而获得了西德国家焊接技术委员会签发的合格证书。

另一批赴西德实习的焊工孙善新、吕桂校同样苦学苦练，双双考试合格，也获得了西德国家焊接技术委员会签发的合格证书。

为将所学技术"本地消化"，杭氧在吸收西德的经验和技术后，正式开办焊接训练班，抓基本功训练，以此保证产品质量。还对全厂焊工分批进行培训，通过考试的工人，颁发合格证书。并规定今后焊工无合格证，就不准参加实际焊接。

当时的杭氧的铸造水平也是一流的，铸造过毛主席铜像，净慈寺的

定期检查车间（李乾正供稿）

那口著名的铜钟也是在三十多年前由杭氧重铸的。南屏山下的净慈寺敲响的钟声就是著名的西湖十景之一的"南屏晚钟"。可惜这口钟在19世纪的连年战乱中悄然消失，钟声也沉寂了近百年。20世纪80年代，杭氧重铸铜钟才让绝响百年的钟声得以延续。而现在还留在老厂房边上的四十多尊灵隐寺罗汉的翻模，是因为杭氧当年曾帮灵隐寺造过罗汉堂的一百零八个罗汉像才留下的。

今天，杭氧的旧址已经变身为"城市之星国际旅游综合体"。当我们穿行在厂区旧址的工业遗存区，看到的是斑驳的墙体、沉默的机械、经年的门窗、墙根下长出的嫩绿色树苗、20世纪50年代栽下的梧桐树林，还有1960年从匈牙利进口的一列火车……历史，就在这斑斑点点的记

品韵文晖：从宋代说起

杭氧搬迁第一车

杭氧工人正在装拆搬迁机器

第三品　物语

杭氧老厂区电热公司厂房

杭氧老厂区物资公司库房

忆中展开。看似沧桑的老厂房表象下，依然能想象出半个世纪前这里热火朝天的场景。曾经，有几万人在这里工作，在这里生活。

吴柏民师傅也是一位杭氧的老职工，目前已经退休在家。他1971年进杭氧，前后在厂里当过钳工、技术员、工会干部等，一共在厂里工作了四十年。"四十多年前我在萧山插队，杭氧来招人，就这样我成了杭氧的一名工人。"吴师傅说，因为进厂后一直表现不错，后来还去读了厂里办的"工人大学"。也是因为在杭氧工作，吴师傅之后认识了在附近杭锅工作的妻子，如今，吴师傅的儿子都已经工作了。

吴师傅全家目前仍旧生活在杭氧宿舍里。回忆起青年时期在杭氧工作的情景，似乎还历历在目："那时候厂里条件真不错，两毛钱就可以吃

杭氧老厂区铸造公司厂房

上健康菜，狮子头、回锅肉，味道很好的，外面的人都羡慕煞我们！"

那时的杭氧，以东新路为界，以西是生活区，以东是生产区。

那会儿，杭氧的一个车间相当于一个连队，一个工段好似一个排，一个小组等同于一个班。石焕敖后来当上了政治班长，从一线工人一直做到销售中心项目部副部长。

那时候，杭氧就像一个小城镇：有自己的托儿所、小学、中学、大学，还有医院、电影院，还能自己生产外面还挺稀罕的汽水、棒冰，生活上完全自给自足。最让石焕敖难忘的，是那个可以同时容纳数千人用餐的、当时亚洲最大的食堂。为了分散人流，厂里人吃饭是分时段的：重体力劳动工种最早，机械加工工种晚十分钟，管理和技术人员最晚。

"最标准的杭氧名菜——青菜肉，只要一毛钱。那红烧肉啊有巴掌大，太好吃了！"说起美味，石焕敖眼里放光。厉害的是，食堂二十四小时都有饭吃。石焕敖想起，当年朋友来探望，就带到食堂里点几个小菜，喝点儿小酒，真是没话说。

"20世纪70年代，杭州人的平均月工资大概三十五元。杭氧的二级工月工资就有三十八点九元，三级工每月五十四元，八级工每月能有一百零四元——那可是油条三分钱的年代！"石焕敖记得，当年穿着印着杭氧标识的工装背带裤出门，谁见了都要艳羡的："哟，这是杭氧的呀！"

改革开放后，全国对于制氧机的需求大大增加，杭氧进入飞跃期，"1981年，厂产值达到三千万元，1989年过亿，1994年突破三亿。"石焕敖如数家珍，"杭氧有一条专用铁路线的，从当时的白田畈铁路货运中心一直通到厂里,材料一火车皮一火车皮地拉过来,我们的产品也在这里送上火车运至全国各地。"

石焕敖说,现在的社会发展了,人越来越有文化,也越来越有自己的个性。那时候的他们是以集体作为工作重心的,那时候的人们都学雷锋,奉献是那个时代的精神。那个时代虽然已经过去了,但是无论是记忆,还是留下来的杭氧精神都不会改变。

城市发展离不开工业,而工业记忆也是城市乡愁的一部分。2006年12月,"杭氧迁扩建工程"启动。如今东新路的工厂生活已成为一代人的记忆,搬空后的杭氧老厂房却仍是杭州人心目中的"老杭氧"。

东新路杭氧鸟瞰图(2010年前后)

第三品 物语

04
杭州锅炉厂

　　城市发展就像一部"年代剧",杭州的工业篇章在东新路开始上映。杭氧、杭锅、杭州重型机械厂、杭州汽轮机厂……这是一段关于岁月的记忆,是一卷跨越六十年历史的"黑白胶片"。老一辈人将青春洒下,造就了曾占据城市"半壁江山"的城北工业区,而今,它以工业遗存的形式,刻下了杭州发展的年轮。在抚摸着这一圈圈泛光的年轮时,杭锅是一个

绕不开的话题。

今天的人们对于锅炉可能已经有些陌生了,而在从前,人们的生产、生活可都是离不开锅炉的。

锅炉其实是一种能量转换设备,锅炉中产生的热水或蒸汽可直接为工业生产和人民生活提供所需热能,也可通过蒸汽动力装置转换为机械能,或再通过发电机将机械能转换为电能。过去,很多人家里没有卫生设施,洗澡要去公共澡堂,澡堂里烧的就是锅炉;而街头巷尾也常有热水锅炉烧的"老虎灶",人们拎着热水瓶打两壶开水回来,家里就不用再生炉子烧水了。当然,应用更广泛的还是在工业生产领域。船舶、机车、火电站和工矿企业都离不开锅炉,它是蒸汽革命的产物,也是工业文明的见证。所以,生产锅炉的厂家当然是很牛的了。

可是,杭锅的起家可一点儿都不牛。

"杭锅,马路当工厂。"这是我们小时候的一首儿歌。小伢儿(小孩子)只顾唱得热闹,也不去想它到底啥意思。没想到,堂堂的杭州锅炉厂还真是这么从"马路工厂"脱胎而来的。

这话说来就长了。

中华人民共和国成立前,杭州是没有锅炉制造厂的,只有几家铁工厂和一些打铁铺,有一百多个工人,主要的工作就是修修小锅炉。接到活儿后,工人们要背着榔头到现场去工作,生活还是挺艰苦的。

中华人民共和国成立后,共和国百废待兴,大家白手起家。1955年兴建杭锅,最初的厂址在东坡路59号。那时候全厂职工只有三十多人,

20 世纪 80 年代的杭锅厂门

工厂不大，只有两台皮带车床，几个铁墩、几十把大榔头，也只能承担小型锅炉的修配任务。由于工厂车间太过逼仄，工人们修锅炉时宁可搬到东坡路上去做，所以当时就有人戏称其为"马路工厂"。"马路当工厂"，就是这么来的。

提到东坡路，老工人侯师傅似乎想起了什么。他二十岁左右就从上海铁工厂被调派到杭锅，对杭锅的掌故当然是熟稔的："东坡路的那些事，以前经常听老同事说起。他们是杭锅最早的一批技工。"他停顿了一下，继续说，"我是1958年到的杭锅，那时候工厂已经搬到了艮山门，环境已经好了很多，不过大部分工作还要靠人力完成，每块铁板都要靠六到八个人来抬，然后人工裁边……工作和生活都在打铁关，日子过得比较简单，大家干起活儿来都很卖力，这是我们的'饭碗头'。"

21 世纪杭锅厂门

1958 年，杭锅从东坡路迁址至艮山门外打铁关，也就是在东新路 245 号。从 1958 年到 1985 年，日历上的数字只是调了个个儿，但杭锅已经从一家占地四万余平方米的企业发展成一家占地面积达二十四万平方米的大企业，成为全国余热锅炉市场份额最大的企业。这时候的杭锅当然就牛了！

搬入东新路的杭锅与杭氧比邻而居，巅峰时期曾是杭州经济的两大支柱。杭锅当时还有一个亚洲最大的单体厂房，所生产的锅炉、压力容器销往全国各地及周边国家。那真是一段令人刻骨铭心的光辉岁月啊！

今天，杭锅的厂房旧址跟杭氧老厂区一样已经成为"城市之星"工业旅游综合体的一部分。漫步在废旧的厂区里，看到的是锈迹斑斑的行车吊床，残缺破败的玻璃窗户，还有泛黄了的红砖墙攀满了爬山虎的青藤，以及那个年代里的旧标语，仿佛一些抹不去的昏黄记忆。只有走进厂房的时候，宽敞明亮的空间才让人隐隐觉得些许凉意。

"三年经济困难时期，杭锅从一千多人减员到了四百多人。1964年，厂长陈有生亲自带我们去外面搞调研。那个时候看到化肥厂对锅炉的需求很大，所以我们就开始做这块的业务。工厂销售开始一点点好起来，一个月要做五套左右的设备……到了1984年，杭锅的职工人数有三千多人，很多活儿都用设备来完成，大家的生活条件也开始好起来。"说到这段，侯师傅脸上泛着满满的自豪。

后来开始讲节约能源，讲治理三废，讲热能的二次利用，于是，从1976年开始杭锅进行了针对余热锅炉产能提升的扩建。现在的七号和八号厂房就是在那个时候建造的。

"建造这个车间的最大难度在于吊装一百吨级的行车，最后是在一

杭锅厂房内劳动旧照

杭锅劳动模范

机部二院和浙建共同商议下，用两台百吨级吊车同步吊装完成。"当时参与杭锅扩建工程的重要技术专家陈师傅，是1974年从洛阳拖拉机厂被调派到杭锅的，负责杭锅气包容器车间（八号厂房）工程建设。

从那时候起，杭锅即致力于电力、冶金、化工、建材、石化等领域的余热利用设备的开发、设计和制造。1979年，杭锅成立了全国唯一一家余热锅炉研究所，在节能减排事业上迈出了重要一步。迄今为止，杭锅累计生产节能环保余热锅炉三千多台（套），年可节约标煤六千六百万吨以上，减排二氧化碳一亿六千万吨，占全国碳排放总量的百分之一，成为行业领军企业。

杭锅是一个很有人情味的企业，大部分老职工对这里有割不断的情。孔师傅说："1993年的时候我打算退休了，后来做了女工主任。1994年我们在杭锅开办小学生暑假班，解决厂里职工子女暑假没人照顾的问题。每年都要照顾几百名学生，责任很大也很快乐。"1998年，她获得了杭州市三八红旗手的荣誉称号。

浙江工业大学81届轻工系微生物发酵专业毕业的老陈回忆起杭锅的生活至今还充满甜蜜："杭锅离学校很近，走过山塘河上的老桥，再穿过几块田地，不过五分钟便可抵达工厂区。"

"每天上下班，几千名工人一起赶赴厂区。那时候还没有私家车，自行车是人们的主要交通工具。伴随着一波波自行车车流涌入工厂,杭州人也将这里戏称为'自行车王国'。"老陈说:"课余后的学生也爱来厂区,花上两毛钱,在杭氧电影院看一场'大片':《高山下的花环》《牧马人》《追捕》等,国内外优秀影片皆有放映。"

那时候的大厂就是一个小社会,厂区里有医院、电影院、公共浴室、大食堂、小卖部,还有幼儿园,一应俱全。"我在杭锅工作了近四十年,最让我留恋的还是七八十年代的工厂氛围,很像一个家庭。我们有时候还会组织聚会,坐在一起聊聊当年的那些事……"

进入 21 世纪之后,岁月的车轮似乎转得更快了:

2001 年,杭锅通过职工持股的方式完成了第一次改制,更名为杭州锅炉集团有限公司。

2002 年,杭锅加盟西子联合控股有限公司,并在深圳证券交易所发行股票并成功上市交易。

2013 年杭锅搬迁之际(叶彬松摄影)

品韵文晖：从宋代说起

2013年5月，公司总部正式搬迁至原江干区（现上城区）丁桥镇，开启杭锅丁桥新时代。

杭州锅炉厂老厂房也在悄然华丽蜕变，伴随着2016年的拆迁"清零"，"城市之星"开始转动命运的齿轮，让这老厂区发生了气质上的彻底反转。现在，这里吸引的是世界各地的艺术家和时尚人群。

自2015年迄今一年一度的亚洲设计管理论坛暨生活创新展（ADM）、2018年AW杭州国际时尚周、2019年淘宝造物节……一系列重量级的展览，都将举办会场定在杭锅老厂房的工业车间中，于是，人们在包豪斯风格的建筑里，感悟当代生活的美学与意趣，倒也别有一番风味。

杭氧老厂房外景

05 农都农贸市场

说起我们农都农贸市场(以下简称"农都"),老底子的杭州人哪个不知谁人不晓?它是杭州农贸市场的"大哥大",杭州老百姓心目中的"城市厨房"。

农都的历史从什么时候开始?往远里说,可以追溯到"南宋官园"。尧典桥、三里亭一带在南宋时期就是杭州城的主要蔬菜供应基地,南宋朝廷还在这里设立了"南宋官园"——南宋官方的菜园子,以保证皇城的蔬菜供应。这个是农都的历史基因,也可以说是深厚底蕴。往近里说,农都,浙江省农都农副产品批发交易市场,曾是浙江省最大的农副产品批发市场,为国家级农业龙头企业、国家农业部定点市场、浙江省重点农副产品批发中心,是浙江省及杭州市重要的"米袋子"和"菜篮子"工程,提供了杭州地区近40%居民的口粮、浙江地区80%以上的水产品以及大量优质副食品。

说起杭帮菜,不得不先说说杭州的菜市场。杭州人喜欢吃时鲜菜,杭帮菜特别讲究时令,所以,杭州人也都喜欢逛菜场。跑进农都里,那可是应有尽有：春天以春笋、韭菜及各种野菜，如马兰头、荠菜、蕨菜等为主；夏天是各种豆类和瓜果的天下，毛豆、蚕豆、冬瓜、丝瓜摆满了市场，还有杭州人喜欢吃的鲜嫩可口的小白菜、毛毛菜；秋天是成熟的季节，南瓜、芋艿、莲藕、板栗等是摊前的明星；冬天则是本地的油冬菜和白萝卜最好吃的季节，它们也成为大家抢购的对象。

这么说，当然是不够的。农都除了本地菜、时令菜外，还汇聚了外地的乃至进口的各种食材，包括鸡鸭鱼禽、水产瓜果、酱腌制品，天南海北的美味，你都能在这里找到，更有琳琅满目的外地和新引进的国外蔬菜品种。

在老杭州人的记忆中，逢年过节去批发市场采购菜、肉、禽、油，是居家过日子中带有满满仪式感的省钱小技巧。杭州人喜欢吃甲鱼，哪户人家没有到农都去买过一回甲鱼？还有，那些置办红白喜事的，谁不是揣着大厨师傅开出来的菜单，按图索骥去农都采购的？

20世纪90年代，农都一带车水马龙，人头攒动。夜间望去一片灯火通明，整个市场二十四小时不间断三班倒，直到半夜都忙得不可开交，大量的农副产品不仅满足本地需求，还源源不断地运往外地，形成海南、广东、福建等二十多个省市的销售圈。热闹的程度早已超过了当年的"南宋官园"。

2008年，杭州老百姓热爱的农都市场因城市建设的需要整体搬迁，农都市场的旧址上启动了农都农产品流通产业园项目。

2022年3月19日，杭城人民期待已久的"农发·城市厨房"终于

"农发·城市厨房"鸟瞰图

揭开神秘的面纱，开门营业。

这个杭州人新的"城市厨房"位于石桥路115号，是在农都农副产品批发交易市场原址之上重建的"农"字综合体。作为省市两级重点项目，它是省农发集团投资建设的最大单体项目，总建筑面积超三十一万平方米，总投资超三十七亿元，项目获评"西湖杯优质结构奖""浙江省钢结构金刚奖"和国家级"中国钢结构金奖"。建筑外形简洁大气，从空中俯瞰，它像极了堆放在德胜高架边的米白色谷仓；到了晚上，通过现

昔日的尧典桥

代灯光动态技术，产生动态的效果，整体建筑就好像是绿色的梯田上迎风起伏的麦浪，美不胜收。

与其他批发市场大多位于偏远郊区不同，"农发·城市厨房"坐落于杭城武林烟火繁华处，规划细分市场后，在高档水产品、优质冷冻品方面采用全球直采的供应链模式，努力打造一个杭城百姓居家生活的体验中心。

为了开创中国城市厨房新的里程碑，"农发·城市厨房"的"硬件"基础也是绝对的实打实：项目占地面积达五点三二公顷，建筑面积为三十一万平方米，其中近三分之一可用于商业用途，楼层共有八层，分为地下三层、地上五层，两层的停车场可同时容纳三千余辆车辆。

搬迁前的农副产品批发市场设有粮油、副食、水产、冻品四个专业分市场，而新打造的城市厨房，着重发力高档水产品和冷冻品两块。采用全球直采的供应链模式，"农发·城市厨房"遍选全球鲜美食材，在这里可以享受到来自加拿大的北极贝、美国的帝王蟹、法国的鳕鱼等高档水产品，同时也可以购买到智利的牛排、巴西的牛腩、新西兰的生牛肉等优质冻品，让杭城百姓随时随地都可以有机会大饱口福。

一个家庭，少不了厨房的存在；而杭州这座城市，也少不了这个具有现代生活情愫、现代生活情调、现代生活情趣，拥有现代"互联网+"的"城市厨房"。

06
月隐天城：朝晖路元代文物发掘地

在建国北路与朝晖路的交会处，原先是一家杭州商业储运公司。1987年，该公司在翻建仓库时意外地发现了一座瓷器窖藏。出土了包括元青花、釉里红、枢府釉、霁蓝釉等在内的元代瓷器五十四件，轰动一时。时隔三十年后，由杭州博物馆主办的"月隐天城——杭州市朝晖路窖藏出土元代瓷器展"在杭州博物馆开幕，是该窖藏自1987年发现以来的首次集中亮相，展出了窖藏出土的全部瓷器，包括珍贵文物二十五件。

在杭州的城市发展史上，宋元两代其实是最为辉煌的时期，如果说南宋时期，杭州作为南宋的首都地位相当于今天的北京，那么，在元代，作为南宋故都的杭州延续了前朝的繁华，相当于今天的上海，"五方民之所聚，货物之所出，工巧之所萃，征输之所入，实他郡所不及"，所以，才会被旅行家马可·波罗誉为"世界上最美丽华贵的天城"。

由原浙西、浙东、江东、福建四路组成的江浙行省，辖境北起长江，南包福建，东始大海，西至鄱阳湖，是原南宋统治最核心的区域，社会经济文化也最为发达。入元之后，由上述区域组成的江浙行省在全国十一个行省中，人口最多、经济最富庶、地位最重要。作为江浙行省的治所，杭州从一个政治上南北对峙、文化经济又高度发达的南方偏安政权的首都，变成了中国历史上疆域最为广袤的大一统帝国的南方统治中心。以大都（今北京）为集结中心的南北大运河直线沟通，杭州成为大运河的南端起点，从而保证了它千年繁荣不衰。

地处大运河入城处的文晖地区也在元朝大一统的经济、文化交流中地位日益凸显。而朝晖路元代窖藏，正是其时杭州壮丽繁华的缩影。它不仅填补了杭州元代考古的空白，也是杭州作为海上丝绸之路重要枢纽的实物见证。

窖藏，是因为历史上的动乱等原因，背井离乡的人常会挖一个深坑，将一些珍贵的、不易随身携带的东西掩埋起来，等战乱结束后再取出来。假如由于一些不可预测的原因，主人没有能够回来，那么，这些珍贵的东西就会被长久地埋没下来。这些器物一旦被发现，就是窖藏文物。

朝晖路的这批窖藏以瓷器为主，其他还有一些锈蚀严重的青铜器礼器。瓷器主要有龙泉青瓷，如各种不同制作工艺的大盘，仿青铜造型的觚、刻花缠枝牡丹花纹大瓶、葫芦形执壶、高足杯等。还有景德镇窑的青花山子笔架、蓝釉描金爵杯、釉里红高足杯、枢府釉"福禄"款龙纹高足杯、孔雀蓝釉"内府"款梅瓶、孔雀蓝釉将军罐、青白釉刻花双龙纹坛等。此外，还有三件霍州窑白瓷的把杯和托盘。该窖藏数量多，器形和窑口丰富，再现了元代瓷器特有的风采，也说明了窖藏主人具有一定的身份地位。

蓝釉描金月映梅纹瓷爵杯

青花瓷塑海鳌山子笔架

朝晖路窖藏出土了一件蓝釉描金月映梅纹瓷爵杯，上面的纹饰是月映梅花。"月映"读音近似"月隐"。同时，"隐"有"隐藏"的意思，而朝晖路窖藏应当是元朝人希望隐藏的宝藏。《马可·波罗游记》中，杭州被马可·波罗誉为"世界上最美丽华贵的天城"。"月隐天城"既取月映梅花的吉祥寓意，也暗示着关于窖藏的未解之谜，如"窖藏的主人是谁"。这些未解之谜，将出现在本展览的"窖藏探秘"环节。

还有一座青花瓷塑海鳌山子笔架，笔架整体为海鳌驮山峰造型，并贴塑云纹海浪，胎质洁白细腻。元代窖藏及墓葬中所出土的青花瓷器均以碗、盘、瓶等实用器为主，而文具类瓷器仅此一件。其不仅具有鲜明的地域特色，或也体现了元青花瓷器的使用阶层有所变化，是研究中国早期青花瓷发展史的一件重要的实物资料。

另一件出土的釉里红高足杯虽然有些残损，但其烧制工艺仍令人咋舌。这件物品胎体细白,施透明釉,口沿至腹壁施釉下红彩,杯内底积釉较厚。内底及内腹部均饰有龙纹。釉里红瓷器是元代景德镇窑所开创的新的瓷器品种,而该件高足杯是此类高温釉下红彩瓷器的典型代表。这说明当时的瓷器烧造已经在呈色剂使用、烧造火候及温度的控制上达到了一个新的高度。

釉里红高足杯

这些出土文物从一个侧面说明:杭州,这座大运河的南端城市,在元代进入了一个新的历史发展阶段。

据元代文献记载,税额超万锭的场务全国有四处,杭州就占了三处。杭州的商品流通和销售之巨在全国名列首位。

而随着商品的南来北往,大量南人沿运河北上,摆脱了数百年来"视淮甸为极边"的地理限制,因交通顺畅之便利,直抵中原、幽燕,甚至大漠草原。同时,有更多的蒙古人、色目人和汉人南下,到南方驻戍、仕宦、从商或游学,观光两都(大都、上都)并谋取出路成为一时潮流。正如陈得芝先生所说,杭州从一个"销金窝"变成了"民族熔炉"。

而艮山门一带的文晖地区是南北往来商旅的必经之路。可以说,千年文晖见证了千年繁荣。